U008826S

| 全方位 |

星座 血型 生肖

Human Relationships at Work

職場人際縱橫手冊

www.foreverbooks.com.tw

yungjiuh@ms45.hinet.net

 21

全方位星座、血型、生肖職場人際縱橫手冊

編　　著　六分儀
出 版 者　讀品文化事業有限公司
責任編輯　賴美君
封面設計　林鈺恆
美術編輯　王國卿

總 經 銷　永續圖書有限公司
　　　　　TEL ／(02)86473663
　　　　　FAX ／(02)86473660
劃撥帳號　18669219
地　　址　22103 新北市汐止區大同路三段 194 號 9 樓之 1
　　　　　TEL ／(02)86473663
　　　　　FAX ／(02)86473660
出 版 日　2022 年 04 月

掃描填回函
好書隨時抽

國家圖書館出版品預行編目資料

全方位星座、血型、生肖職場人際縱橫手冊／六分儀編著.
　　--二版.--新北市 ： 讀品文化, 民 111.04
　　　面；公分.--（達人館系列：21）
　　　ISBN　978-986-453-164-6 (平裝)

1. CST: 占星術

292.22　　　　　　　　　　　　　　111001925

CONTENTS

星座篇

1　不同屬性星座，不同彆扭脾氣。共處蒼穹下，怎樣才和諧？

2　這裡有最適合你的工作！翻開星座書頁，擇業不再發愁！

CONTENTS

血型篇

I

打在性格上的紅色烙印！
血液，輸送的不是營養，而是性格！

CONTENTS

CONTENTS

生肖篇

1
人際若暢通，則成功無阻！
與不同生肖的相處獨門祕訣！

CONTENTS

2 怎樣讓職位和薪水節節高升！
天生的方向，人定的高度！

星座篇

PART

不同屬性星座，不同彆扭脾氣。
共處蒼穹下，怎樣才和諧？

十二星座有著迥然不同的個性和氣質，不同星座的人都有著自己獨特的彆扭脾氣。

你還在為如何成為十二星座的他（她）的知心好友而苦惱嗎？

你還在為如何贏得星座戀人的愛而寢食難安嗎？

與十二星座人共處蒼穹下，應該注意哪些問題才能獲得和諧自然人際關係呢？

本章將解密十二星座的相處之道！

牡羊座 （3月21日至4月20日）

● 與牡羊座相處，其實並不困難！

擺脫了嚴冬困境的春天，欣欣向榮，生命力旺盛，有衝勁，不受束縛，極其自信，坦白直率和勇敢，時刻充滿自由的氣象。

羊兒們總是熱情滿滿，牡羊座的人活潑好動，總是一副高興的模樣，你是否正為如何跟羊兒們拉近距離而苦惱呢？其實，與牡羊座的人相處，並不困難，關鍵是要瞭解羊兒們的天性特點，投其所好，就能讓羊兒們親近你，一起擦出美麗的火花！

和牡羊座的人相處，新鮮感是最重要的。羊兒們天性好玩好動，對那些有趣新奇的事物，總顯得比旁人多幾分熱情，他們對一切有「新意」的東西充滿好奇和好感。所以，要博得羊兒們的好感，首先就要學會替羊兒的生活帶來新鮮感。跟羊兒們多說些新鮮的事情，有趣的故事，也可以試著講些他們沒聽過的玩笑，這些都能讓他們對你「另眼相看」。

追求牡羊座女孩，用新鮮特別的約會方法代替古板傳統的求愛方式，會更容易俘獲牡羊女的心。好動快樂的牡羊座最喜歡聆聽有趣新鮮的事情，多給羊兒們一些新鮮刺激的玩意兒，會讓他們在生活、打扮、社交圈子上找更多的新方向，連性生活都應該來點新花樣。

與牡羊座的人交朋友，保持新鮮感很重要，但是也要隨心隨性，千萬可別因為「圖新鮮」而矯揉造作，弄得羊兒們不自在反而會適得其反。

羊兒們都是天真、好冒險的人，一有什麼新鮮的事物，必然會被吸引過去，對異性的態度也一樣。如果在交往的過程中，能瞭解對方的心態，相處時不去計較得失，自然隨自己的心意向對方表白，那麼一定可以把事情解決。就算不幸有第三者介入你們之間，保持這種態度不但可以維持彼此的親密關係，適當時，羊兒也會重回你的身邊。

精力無窮以及強烈的競爭性格是牡羊座最鮮明的特色。和牡羊座的人相處，一定要記得給羊兒一定的主導權。牡羊座的人不是那種會容忍著對方的順從型性格，如果你沒認識到這一點，就很可能引起牡羊的反感。

和牡羊鬥嘴爭論，羊兒不會讓著你，因為天生精力旺盛喜歡爭強好勝的牡羊座習慣把「主導控制」權握在手裡。記住，牡羊需要主導權，誰也不讓誰，能不吵架嗎？交往時懂得給牡羊一些

「甜頭」，哪怕是假裝尊重他們，順從他們，不和他們爭持到底，也可以讓你和羊兒們的關係逐漸拉近。

　　和牡羊座戀人相處更要注意這一點，總是充滿自由氣息的羊兒可不想被別人控制束縛，不管牡羊對你多麼用情至深，你可千萬別在主導權上跟他們爭「地盤」，試著「遷就」一下你的牡羊戀人，羊兒會更加堅定對你的愛。漸漸的你會發現，自己變得陽光自信、活潑熱情起來，而與羊兒們的相處，也變得越來越簡單，越來越妙不可言！

金牛座　（4月21日至5月20日）

● 給你十個技巧，快速博得牛牛好感！

　　從春季突然出現的繁盛景象中慢慢穩定下來，專一持久，善理財及爭取權力，占有慾強，有恆心有毅力。

　　金牛座的人生性耿直、溫和善良，金錢觀念強，他們不是能說善道的人，但卻是工作踏實勤奮，屬於那種默默耕耘的人。牛牛固執倔強的個性是否曾經讓你十分困擾？你是否正為如何跟這群倔強的金牛座的人打好關係而發愁？下面教你十個技巧，讓你能快速博得牛牛的好感，贏得你們之間關係的有效「破冰」！

☆學會讓步

　　金牛座的牛脾氣可是出了名的，牛兒固執倔強沒人能拗得過他。有時對方的牛脾氣確會令你不愉快，回心一想，你也何嘗不是？所以不妨放下一點固執，退一步海闊天空。

☆試著主動

金牛座是蠻浪漫的一個星座，卻因為比較沉默，與人交往的時候往往需要別人主動。對於喜歡的人也說不出什麼甜言蜜語來，只會為對方默默付出，希望對方能夠瞭解他們的心意。所以你要懂得觀察金牛座，他們的示愛方法都很含蓄，當你發現有一點眉目了，不妨也做一些回應，主動一點。

☆軟性攻擊

讓他們有信心將自己想說的話表達出來，金牛座是需要被別人啟發的人。

☆共同學習

金牛座有與生俱來的藝術氣息，對於和藝術或美有關的事物，他們都很感興趣，你不妨找機會邀他們一起選一項和藝術相關的課程，在共同學習的過程中，不但可以和金牛座一起培養美的觀察力和鑑賞力，還可以多瞭解彼此、增進兩個人之間的感情，而且會讓牛牛對你產生依賴和信任感。

☆關於錢的問題

不管感情有多好，金牛座對於金錢還是算得一清二楚。他們不是小氣鬼，只是認為就算「親兄弟也要明算帳」。千萬不要叫金牛座的情人買東西給你，最好也不要跟他們借錢，因為這麼做，只會顯出你的虛榮和他們的吝嗇。而且，如果讓他們覺得你

是一個很重視物質生活的人，譬如喜歡去高級餐廳、標準名牌主義者……這些都是嚴重破壞牛牛節儉美德的做法。

☆要多鼓勵牛牛

金牛座缺乏安全感，會一個人悶在一旁胡思亂想，如果你能經常說一些鼓勵的話，對於討好金牛座來說是一種不錯的方法。時常稱讚牛牛，表現出對他的欽佩，一定能博得牛牛的好感。

☆放鬆坦白

牛牛們其實都有強烈的占有慾，敏感、嫉妒心重，一點點風吹草動，都會捕風捉影耿耿於懷，不懂得釋放自己內心的壓抑，日積月累總會爆發。因此要防患於未然，要嘗試看開一點，有事就坦白一點不要猜忌。

☆戀愛，要樸實而舒服

在牛牛心裡，戀愛應該是一件浪漫又舒服的事情，不必花大腦思考，自然而然。兩個人平實的生活著，就是一種最大的幸福，所以你千萬不能要求他們玩什麼新鮮的花樣，因為牛牛們絕對沒有這方面的慧根。

☆不要催促牛牛

金牛座是一個慢動作的人，連思考的速度也很慢，一件事如果沒讓牛牛把前因後果想個清楚明白，他們會不知道怎麼走下一步，這時候如果一直催促他們，他們因為不知所措而變得很煩

躁，再加上緊張的情緒，很可能會開始耍牛脾氣。

☆軟性攻勢

　　向金牛施壓時千萬不可把他們逼到牆角，他們壓力太大是會反抗的。要出軟招，把他們安撫得頭頭是道，牛牛會樂於受你指揮。

雙子座 （5月21日至6月21日）

● 與雙子座相處的十個建議！

　　能言善辯，易改變，好奇心重，興趣多而且多才多藝，思維敏捷卻不能專注於單一問題。

　　雙子座聰明善變，如風一般讓人摸不著頭腦。有著「兩個腦袋」、多重性格的雙子座，給人們的印象是時而開心；時而低沉。這麼善變的雙子座，要如何才能好好相處呢？這裡有十個建議，你不妨一試！

☆和雙子相處，你要學會放心

　　對待雙子座要明白一點，你是無法掌握雙子座的。雙子在想什麼、下一步要做什麼，讓人無法得知。與其猜忌，不如放開心情，信任他們，由他們自由發展。

☆放手，給雙子一片自由的晴空

　　雙子喜歡自由，他們隨時可以轉身走人。也因為這樣，千萬

不要給他們太多束縛和壓力，試試放鬆點，不要對雙子座太多要求，不要試著改變雙子座的人，給他們多點自由。

☆學會容忍

要試著容忍雙子善變情緒、多變貪新鮮的人際觀，對雙子座的人你要放下敏感的心。如果你愛上雙子座，必須容忍，別輕易吃醋，要在心裡想著：「他玩膩就會回家了！沒事的。」

☆學習的心態

雙子是聰慧愛學習的星座，在相處過程中，要在雙子身上找到自己沒有的優點，得到很多新的訊息情報，對你的事業發展和知識豐富很有幫助。

☆適可而止

太囉嗦、太嘮叨會削減雙子的自由讓他們受不了。學會適可而止，讓雙子座的人在感受到你的友愛和呵護的同時，又不會對你感到厭惡。

☆採用雙重標準

和雙子座相處，你得學會用雙重標準來考慮問題。經常說一套做一套、適應能力極強的雙子，可以在不同的環境改變自己的思想行為，你如果不會用雙重標準來理解雙子座，就會陷入困惑之中。

☆學會理財

雙子座很沒理財觀念，如果兩人都不會理財，長期下來絕對會出問題。和雙子座在一起，你要學會理財，別指望他們會計算成本利潤得失。不妨建一個共同儲蓄金，一人一半，有事也不用擔心。

☆懂得順其自然

不要刻意去討好雙子座，你越做越顯得故意，他們就會更加覺得你有問題。順其自然會好得多，而且有時太遷就雙子，反而令他們不舒服。

☆保持距離

雙子愛自由，也喜歡新鮮和交際，見得太多只會因新鮮感減少而出事，所以不妨保持一定距離。就算情侶也可以適當保持距離，不要老是膩在一起，最好選擇自由彈性大點的同居生活，這樣你的朋友和他的朋友就都可以隨心所欲的活動了。

☆用驚喜打動雙子座的人

雙子座能言善道，聰明幽默，喜歡豐富又多變的生活，智性的刺激尤能令雙子整個人活躍起來。雙子座不僅喜歡接到意外的驚喜，自身也是獨到的驚喜發明家。用驚喜打動雙子們，在情人節幫雙子座的另一半準備一份獨特的surprise，或者出差回家給他（她）一份溫馨動人的小禮物，都能讓雙子座的他（她）對你更加眷戀。

巨蟹座 （6月22日至7月22日）

● 與巨蟹座成為朋友，就得接受保護！

個性內向、穩定，以家庭為中心，會害怕未知的事物，愛好大自然，有創造力，擁有很強的保護慾，總是小心的保護自己和家人。

十二星座中最具有母性和保護慾的星座就屬巨蟹座了。與巨蟹座的人交朋友，你首先就得接受蟹兒無微不至的照顧和保護。蟹兒們善良熱心，富有同情心，敏感的他們很容易瞭解到朋友的困窘，如果需要，蟹兒們會整裝待發，為保護朋友而和敵人進行攻擊性對峙。如果蟹兒們的朋友是那種弱小又經常受欺負的人，那無疑會激起蟹兒強大的保護欲和鬥爭心，他們會不顧一切擔負起照顧弱小的「大哥哥」或者「大姐姐」角色。如果你是受不了嘮叨和照顧的人，和巨蟹座交往的時候要克制自己的不耐煩，因為你如果不接受蟹兒的照顧和保護，就等於不接受他們的真情實

意，蟹兒們會因此憎恨你。

如果是陷入愛河的蟹兒，就更會顯示出對所愛之人的體貼入微關心，如果這個人拒絕蟹兒的關懷和保護，那他就會鬱鬱寡歡，好像受了被拋棄的失戀之苦那樣一蹶不振。所以，不要輕易對蟹兒的關愛搖頭，別怕他們受累麻煩，因為他們最大的樂趣就是照看好他們所愛的人和他們的親人。如果你對這隻蟹兒也有好感，就放心接受他的照顧和保護吧，別覺得過意不去，因為你的過意不去和推辭拒絕，會傷了他們的心，最終讓你們的關係成為「無言的結局」。蟹兒們的家庭觀念很強，他們十分重視家的溫暖和安定，和諧的家庭生活是巨蟹座追求的目標。戀愛中的蟹兒們，總是會忍不住繪製未來幾年甚至幾十年的家庭生活圖景。生幾個孩子，臥室裡放什麼裝飾品，廚房的廚具用品都可能都會成為他們的話題。愛蟹兒後，就別說「以後的事情還不知道呢」，也別順口說出「我們以後可能不會結婚」這種大大傷害蟹兒心的話，他們很可能就因此低落很久，以為你不是真想跟他們在一起生活，不是真的愛他們，甚至有時候也會讓他們棄你而去，另尋新歡。

和蟹兒們相處別不好意思，別怕他麻煩。接受他對你的關心和照顧，真誠的感謝他為你所做的一切，在必要的時候給予他們回報，這樣蟹兒才不會離你遠去。

獅子座 （7月23日至8月22日）

● 獅子最愛的，不是肉，而是讚美！

像仲夏一樣熱情洋溢，需要經常被注意及讚賞。衝動而且做事誇張，愛挑戰當權者。傳奇而且任性，勇往直前，敢於戰鬥、熱情大膽。

你身邊總不乏這些驕傲熱情、霸道而又充滿魅力的獅子們，他們總是流露出一股傲氣，並且極富上司天賦和激情，能幹負責。然而你是否知道，獅子最愛的不是肉，而是讚美。和獅子們相處，讚美比什麼都重要。

獅子座的人很有自信，同時也期待獲得眾人的喝彩，渴望綻放令人艷羨的光彩。獅子們是很要面子的，正是因為愛面子，使得他們聽不得那些「實話」，愛聽那些對他們大唱讚歌的讚美之詞。

有時你會看到獅子們在生活上某些關於面子的問題上「死

撐」，明明是他們自己有問題，但是卻依然要堅持，不為什麼，只是為了爭點面子。所以你不妨用「見風使舵」的軟性攻勢，說一些溢美之詞，給他們一個台階下，這樣就會使獅子高興，關係和諧，而反過來，愛面子的獅子則會用另外的方法答謝你。

唱讚美頌也是需要技巧的，不能像阿諛奉承的人那樣隨隨便便的誇讚。太過誇張的讚美會顯得不夠真誠，太唐突勉強的表揚則讓人感覺不舒服。

稱讚獅子的時候，要抓住那隻獅子的日常習慣和興趣。比如這隻獅子很喜歡跑步，卻很討厭游泳，那麼你就不能說會游泳的人很厲害，應當在恰當的時機表現自己對滑雪愛好者的喜愛之情，並且適當加上一句：「我覺得會滑雪的人好厲害。」這類帶有崇拜感情色彩的讚美絕對能讓獅子們心花怒放。這樣，你們之間既因多了共同話題而拉近了溝通距離，又博得了獅子的好感。

記住，常給獅子真誠的讚美，甚至可以用幾個隱含讚美的句子跟獅子打招呼，比如「這身衣服真帥！」、「一聽到這洪亮的聲音就知道你來了」……小小一句讚美的話，就足以讓獅子容光煥發了。對待你的獅子座男友，也要時刻給他唱讚美頌，這些讚美的話甚至比撒嬌更有用。

無論獅子座怎樣暴躁，怎樣專制，只要你講幾句話稱讚他們，什麼火都可以滅了。

獅子座的男性好面子，愛充當英雄，希望自己的女人依靠他

　　而不是依靠別人。在二人世界裡，獅子男為女友可以做盡溫柔的事，但在一大堆朋友面前，一定要給他足夠的面子對他百依百順，讓他扮演英雄和男子漢的角色。

　　與獅子座的人合作時，在角色分配方面也要注意，多給獅子座一點權威性，會更滿足他們較強的責任感和事業心。其實獅子座是外表緊張，內心脆弱的物種。獅子座的女孩外表張揚熱情，但內心其實是特別感性的，她們不僅僅需要讚美，更需要深層次的欣賞和理解。

　　對待獅子座的她，可以給多她一點關心的感覺，讓她對你有一種寄托。當獅子女換髮型或者穿上新裝時，一定別忘了誇讚幾句，不要當做沒看見，你的忽視可能會引起獅子的不滿哦。

　　而且作為獅子座女孩的另一半，更應該深諳讚美之道，討得獅子座女孩的歡心。記住，獅子座的她，個性是大而化之的，突然扮起溫柔俏佳人的模樣，絕對是因為了得到男友的稱讚！

處女座 （8月23日至9月22日）

● 與處女座交往的8個禁忌！

炎夏過去的初秋，不復有獅子座般的衝動及熱情。氣質高雅，卻異乎尋常的敏感，情緒易變、悲觀、有批評性格、是美麗而神祕的完美主義者。

處女座是完美主義者的代表，完美、挑剔、潔癖、深沉是處女座的人的代名詞。還在為如何跟處女座的人相處發愁的你，趕快來看看與處女座朋友交往的禁忌有哪些吧！

☆不要開空頭支票

如果沒有百分之兩百的把握，奉勸你還是少做承諾吧。空頭支票的殺傷力，有時比無能為力更糟更大。做不到的事就別逞強，因為處女座的人最看重誓約。

☆不要逢場作戲、虛情假意

處女座的人對感情是相當認真的，是十足的完美主義者，精

神潔癖的最高峰。信用和莊重這兩件事，是讓處女座情人愛上你的主要原因。他們不喜歡逢場作戲，儘管處女座的情人自己也有到處放電的習慣，但是他們不允許心愛的人這麼做。

☆忌玩火自焚，移情別戀

如果你的感情摻了雜質，或者是虛假的不真實的，完全是為了逢場作戲才招惹處女座，奉勸你趕快回頭，因為處女座的人都是有些記仇的，搞不好過段時間就剛好逮到你的把柄讓你「啞巴吃黃連，有苦說不出」！

☆切忌欺騙

千萬不要想去欺騙處女座的人，一次不忠，百次不赦，會造成你們之間永遠無法修補的裂痕。他們是崇尚靈魂的動物，心靈的純淨有時候會比其他東西更重要。欺騙處女座的人，只會讓他們覺得你這個人思想骯髒而躲得遠遠的。

☆不要刻意去猜處女座的人的想法

如果刻意去猜處女座的人在想什麼的話，有精神潔癖的他們會很反感，他們不想被別人知道在想什麼。處女座的人心中總有一個地方，別人是沒有辦法進入其中的。如果不小心猜中了他們的想法，也最好別說出來，因為處女座的人討厭內心祕密被窺探的感覺，他們會討厭你，而不是欽佩你的「讀心術」！

☆不要嘗試和處女座的人「爭」出高下

當你與在處女座的人發生爭執時，記住：處女座的人在承認錯誤之前，永遠覺得是你錯了。千萬別和處女座爭論，除非你的頭腦和口才都很不錯。否則只會被他們「鐵面無私」的找出的N條理由給嚇壞，他們的嚴密辯論就算沒能讓你投降，也會用不屑和冷淡將你的熱情笑容沖走。然後毫無疑問，接下來好長一段時間，這位處女座的「辯友」見到你必定是視若無人繞道而行。

☆忌自以為是，缺少內涵

處女座的人具有強烈的分析力和充滿智慧的頭腦，多半是知識型人才。對知性的偏執，使得處女座的人打心眼裡便認定：智慧是人生幸福的鑰匙。

如果你不懂什麼，最好就不要在處女座的人面前誇誇其談、自以為是，這會讓他們很討厭。

☆別忘了處女座的人可是有潔癖的

特別是處女座女性，是非常注重整潔的。處女座女孩討厭不乾淨的男性，哪怕是沒經常打理的鬍鬚都會讓這群完美主義者心有不悅。處女座對人對事對自己都是一樣的標準，那就是乾淨和整潔。和處女座相處若想獲得「通行證」，就得從頭髮到腳跟滿足他們的高標準。

天秤座 （9月23日至10月22日）

● 與天秤座和諧共存的密碼！

處於萬物尋求平衡與和諧的時期。富有人情味，思想周密，善於社交，做事投入而客觀，愛管閒事，代表公正，會努力捍衛正義。

浪漫的天秤座很愛說話，總是口若懸河的天秤座似乎能跟所有人聊得開心愉快，擔任著人與人之間溝通的橋梁。但是要和秤子真正打成一片，和諧相處卻好像並不那麼容易。其實，只要你願意掌握和他們溝通的神奇密碼就會容易很多。

天秤座不是那麼有心機的人，他們討厭互相猜測，複雜的關係會讓天秤座頭昏腦花，所以凡事簡單一點，別總是故意說反話，口是心非，別把事情複雜化，比如為什麼沒打電話給我？為什麼沒發簡訊給我？為什麼突然又不高興？為什麼昨天還有說有笑今天話就少了？……敏感的分析到每一個細節，失去安全感只

會得不到天秤座的安全感。和秤子相處不要太複雜，要保持一顆簡單而且豁達的心，自由而輕鬆的相處，是秤子最喜歡的方式。

　　天秤座的人容易猶疑不決、反覆不定、沒有主見。有時要用溫柔的方法打動他們，千萬不要固執強橫的逼他們就範，因為他們心中自有一把尺、一套大道理，而且沒有人能扳得動天秤心裡那把尺。與其用嚴厲的批評和爭論來解決問題，而讓天秤座的人內心那把尺搖擺不定，還不如用婉轉的方法來說服他，軟性攻擊反而會使天秤考慮你的想法。

　　運用共同興趣的魔力，讓天秤座的人和你成為無話不談的朋友。有一個共同的興趣就有了共同的話題，彼此間拉近了距離、增進了感情，而且還多了一起共同相處的機會。不管男女老少，只要天秤願意，都能跟你打成一片。然而要真正成為天秤座的知心朋友或者親密友人，就需要循序漸進，過分的親密會讓天秤座的人無所適從，操之過急的知己關係會讓秤子很有壓力。天秤座的人喜歡一步一步的逐漸「升溫」，如果想追求天秤座的異性，這一點更是顯得尤為重要，讓雙方對彼此都多一些瞭解，不要一下揭開所有的底牌。

　　天秤們是很浪漫的理想主義者，如果多一些行動，在日常生活中多給他們一些關懷和驚喜，天秤座的人一定很開心。例如，有機會就給對方一些小驚喜，一些不貴的小禮物，又或者是吃一頓特別的晚飯，不管是天秤友人還是戀人，這些保證幫你加分！

天秤座的戀人總讓另一半有點神經緊張，然而強迫天秤座的他（她）依賴你或者讓你依靠都不能讓天秤開心。

對待天秤座的男友，不要糾纏在他愛不愛妳、會不會永遠愛妳這個問題上，問多了會讓天秤男有種被壓抑的無奈感。試著把目光放在自己身上，讓自己變得更完美，跟他心平氣和、開心愉快的談天說地，天秤男就會放下自己尋覓的腳步，更加珍視妳的存在。

天秤座的女友總是那麼浪漫熱情喜歡說話，作為男友的你，就不要亂吃醋亂生氣，不要擔心她又被別的男生迷住了，記住天秤座的女孩一旦認定了你這個心的「歸屬地」，就不會再輕易改變了，只要你多給她一點自由的空間，不要老是神經緊張，天秤女會愛你更多。

（10月23日至11月21日）

● 怎樣才能成為天蠍座的知心好友！

　　臨界深秋與冬日交界之時，處於繁盛與衰亡之間，是最複雜的星座，精力充沛、耐力持久，領悟力強，但內心複雜容易情緒低落。

　　天蠍座的人是自負而又有些敏感的，凡事都有些自己的原則和想法，在情感方面的選擇要求自然也就比較高。蠍兒們一般都會想找個志同道合，在價值觀上能夠相互認同的知心好友。那麼，怎樣才能成為蠍兒們的知心好友呢？其實與蠍兒們交往並不是很難，做好朋友也是不難的，只要你一如既往的真誠對待他們，別總藏著什麼，你會發現其實他們很容易相處。

　　前面提到，天蠍座喜歡與自己志同道合的人，所以你一定要具備能夠打動他們的魅力和能力，內在和外在的都很重要，在此基礎上思想和精神一致和默契也很關鍵。而且第一印象在天蠍腦

中是很難抹去的，比如，如果他是一個講禮貌的人，而你大咧咧覺得一家人無所謂禮貌，他會感到與你很難相處。如果你希望與蠍兒們成為朋友或戀人，首先要做的是「主動出擊」，你想站在原地等他們過來和你親近，機率一般都很小，如果有，可能是他們有什麼其他動機。不僅剛開始是這樣，維持友好關係的繼續依然要靠你主動打電話給他們、主動創造機會見面、主動向他們報告你的情況，在你持續不斷的努力下，他們就會把你看成是親近的朋友了。

天蠍座並不是喜歡隱藏祕密，事實上，蠍兒們會經常向密友透露他們的祕密。所以如果他們信任你，你一定不要背叛他們的這種信任，這是和天蠍座深交的必要前提。

和蠍子們熟識了之後，你會發現他們有很脆弱的一面，他們內心裡很怕孤獨，也害怕被孤立。天蠍座的人總是把自己藏得很深，其實是害怕被傷害，如果你能靜下心來感受到他們的不安，你就能夠明白他們為何有時會有些近乎於瘋狂的舉動。

同時，不要和蠍子們靠得太近，不同性格的人，距離走得過近總會傷害彼此。而且你要當心有一天你得罪蠍子的時候，他們銳利的目光、犀利的話語對你的傷害可能是最深的。不要因為是知己就打聽他們的所有祕密，適當的保持距離，會讓蠍兒們覺得你也是一個富有神祕感的人，他們會更喜歡你。

對於親密的同性朋友，你絕對不要奢望天蠍座朋友會把你看

得比他們的另一半更重要。因為蠍兒們一致認為：愛情是他們生命中最不可缺少的東西，天蠍女尤其如此。當她們的真命天子（不管在你看來那個人是多麼差，多麼不配她）出現時，你唯一能做的是：馬上消失。當她們的愛情出現波動的時候，這才是她們最需要你的時候。所以，在和他們的友誼中，一定要知道自己的位置，不要把自己在蠍子心中的份量想得太高。就算他們一開始覺得你是一尊神，但是如果你在這方面和他們觀念相左，或者你不留神間說出的話刺激他們的神經，你在他們心中的地位就會馬上大大降低。

蠍兒們的忍耐心通常比較差，問題老解決不了就會很暴躁，甚至由於逆反心理而爆發。所以這方面，你最好要謹記，注意相處的藝術，不要輕易讓天蠍憤怒，蠍子一旦發作是很可怕的。遇到衝突和麻煩，你要能夠適當體諒，採取最佳策略。在大家都冷靜下來的時候，真誠的溝通是解決問題最有效的方法。

射手座 （11月22日至12月20日）

● 要與射手座共存，你需注意？

個性既有平靜的一面，又有熱烈的一面。焦躁不安和好動外向、好奇、愛好旅行及冒險，喜歡多姿多彩的生活，他們的行為有如天馬行空般無法捉摸。

射手座是個熱情、熱愛生命的樂天主義者，射手的率直、天真的性格使其廣受歡迎。那麼和愛好自由、喜歡探索的射手座相處，你要注意哪些問題呢？

首先，你要明白射手座的人是非常坦率的人，有時候甚至誠實得可怕。和射手座在一起，他們絕對不喜歡拐彎抹角的含蓄委婉，他們什麼都會告訴你，只怕你受不了他們這種不理別人感受的坦白。射手們討厭沒有自由空間，不喜歡別人用不信任的口吻對他們問東問西，當射手問別人問題的時候，有所保留的答案卻最讓他們反感。所以，和他們談話要直率一點不要拐彎抹角，因

為他們是不會耐心聽你兜圈子的。

射手們看事情會比較長遠，如果你只和他們討論目前問題，他們會覺得你膚淺。他們外向、健談、喜歡新的經驗與嘗試，尤其是運動及旅行，對未來總是抱著哲學式的樂觀。所以和射手們交往，你要有點想像力，注意不要老把視線放在目前，注意培養一下自己的長遠戰略思維。

射手們喜歡自由和無拘無束的生活，在時刻追求讓自己滿意的生活環境和自由空間。他們討厭和忸怩放不開的人談話，也最受不了迂迴不自然的溝通方式。擺臭架子、自以為是，大小姐或者少爺脾氣只會加速他們避開的步伐。還要注意不能和射手們正面衝突，越強勢，他們越不願和你溝通，有時候你的忍氣吞聲顯得弱勢一點，他們反而會憐惜。

射手們是愛玩愛探索的星座，思想常常天馬行空，很難專注。哪裡有好吃的、好玩的、好看的，射手們都會是最佳的報馬仔。和射手座相處，如果你呆板無趣，他們也可能會敬而遠之，所以，平時也多多留意好玩的地方和話題，這樣才能和他們暢所欲言。

與射手座的人在一起時，記住不管對方是多麼要好的朋友，或者是多麼愛你的戀人，都不要觸碰到射手的「心靈禁區」。對於他（她）們的忌諱，譬如曾經的傷痛，失戀的傷疤，失敗的陰影等一系列禁區，千萬不能「鐵齒」和深究，否則會讓射手翻臉

不認人。

　　射手座的人不論男女，都屬於那種追得越緊跑得越快的人。射手座情人，不受任何人控制，鑽戒、婚約、恐嚇都沒用。除非他們心甘情願，不然你就是綁也不能留住射手座的人的心。

　　射手座的情人很奇怪，如果讓他們來喜歡你，他們會不惜一切的追求你、倒貼你，就算不找他們，他們也甘心黏在你身邊。追求射手座情人，注意使用一些「欲擒故縱」的技巧方能捉住他們多變的心，而只知道犧牲付出的行為，反而對射手座誘惑不大。

　　射手們很重視朋友，作為射手座的另一半，你必須有愛屋及烏的精神，要能夠接受射手們的眾家朋友們，否則實在很難有什麼交集。當你覺得兩個人好不容易有獨自相處的機會，正在幻想著你和射手座情人牽著小手到公園散步，或是兩個人一起去看電影的美夢時，射手們可能會興高采烈的跟你說：「等一下還有人要和我們一起去玩！」所以，不妨多在射手座的朋友身上下一點工夫，想盡辦法和射手座的朋友混熟，這保證是一件好處多多的事情。

摩羯座 （12月21日至1月19日）

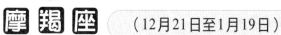

● 與摩羯座融洽相處的5條心得！

冬季是沉默、冷靜及理性的代表。他們是現實主義者，倔強固執、保守善良、負責，而且思想保守務實，有追求但不張揚。

踏實保守的摩羯是工作認真的代表，摩羯座深思謹慎，冷靜而準確的判斷力，總給人沉穩而嚴肅的印象。然而摩羯們並不是很難接觸和相處的星座，和他們融洽相處還是很容易的。以下為和摩羯們和諧共處的五則心得，希望能對大家有所幫助。

☆發揮自己的主動性和積極性

摩羯們是務實能幹的工作狂，他們總是理性的知道自己在幹什麼，就算遇到困難也很認真，充滿鬥志的摩羯座立志追求有意義有價值的人生。所以與摩羯相處一定要有積極性，特別是事業上，暫時的低潮沒有關係，重要的是要有一顆積極進取的心。如果你的想法跟摩羯一致，摩羯座的人就覺得你是個值得長久相處

的朋友，對你也更加親密信任。此外，摩羯很難在主動與人溝通中表現熱情，摩羯們需要你的主動和積極幫他們除去沉悶的面具。

☆輕鬆愉快的溝通

有些人個性較衝動，很容易因為摩羯一時的冷淡而說出一些傷人無情的話，但事後又後悔，想要收回時卻發現摩羯已經徹底冷漠。這是很需要注意的，摩羯的自尊心很強，心思也很敏感，很在意別人對自己的看法。如果你輕易的出口傷人，摩羯就很受傷，而摩羯的傷口又是需要很長的時間來癒合，並且即使現在傷口癒合，在以後的日子裡仍會不時的想起。所謂說者無心，聽者有意，說重要敏感的話之前，請三思而後行。摩羯座天性冷淡，個性喜靜，本身的話也不多，儘量避免重複說沒有意義的話。輕鬆愉快的溝通方式，是最讓摩羯座的人舒服的交往，天性實際的他們在輕鬆愉快的氛圍中能卸下重擔，感到溫馨和快樂。

☆不要嘗試冷淡和冷漠

不要期望以冷淡來讓摩羯回心轉意，你冷的話，摩羯會比你更冷，摩羯不是那種很努力挽回的人，除非你十分優秀，摩羯十分愛你，他（她）們才會打破冷戰，委屈自己。不然，你的冷言冷語，冷淡表情通常都是傷害摩羯座最深的，他們會不顧自己傷心難過而選擇逃避你，不再與你交往。

☆不要輕易開玩笑

不要輕易開摩羯的玩笑，因為摩羯一般都是比較認真的人，很容易就把玩笑當真。

如果你不清楚他們的脾氣和喜惡，或者你們還不熟悉，還沒到無話不談的地步，玩笑還是少開為好，摩羯們可能會因為一句玩笑話而不再理睬你。還要注意不要老提過去，不要把摩羯過去的故事當做笑談的材料，這會讓原則感很強的摩羯們很傷自尊。

☆摩羯生氣時，儘量給他（她）們台階下

儘量不要在原則性的事情上惹到摩羯，因為摩羯們都是很有原則的人，他們會認為你侵犯了他們的原則。如果摩羯生氣後，一般會表現出冷漠，不理睬等。這個時候你就要多委屈自己，寬容體諒，多討好摩羯了。

如果錯在你，你就要主動道歉，請求原諒。當然，如果本身就是摩羯的原因，他們也可能以為礙於面子不敢面對你，這個時候，你就要給他們找個台階下，巧妙的挽救你們之間的關係。

水瓶座 （1月20至2月18日）

● 容忍水瓶座的多變，其他一切好說！

　　隆冬季節出生的水瓶座，內心像寒冬一樣冰冷，獨立而有個性，是最具潛質的發明家及革新者。他們慷慨大方，能屈能伸，思想開放，好奇心重，做事迅速。

　　個性獨立的水瓶座，從不隨波逐流，總是有著自己的獨特想法。他們崇尚自由，喜歡革新，卻總是給人變化多端、難以捉摸的印象。和水瓶座的人交朋友，最重要的是理解和容忍他的多變，其他的一切都好說。

　　一開始和他們相處時，會覺得水瓶們是那種平易近人、很愛幫助人的類型。和他們說什麼話題似乎都無所謂，因為沒有什麼話題是瓶子不能接受的，而且他們幽默，思想獨特，總會有許多與眾不同的想法脫口而出。

　　然而隨著交往的深入，你會發現多變的水瓶座的人讓人很沒

安全感，強烈的自我為中心，令水瓶座的人對自己的一切都非常關心，他們也喜歡與人爭論，就算是黑的也可以說成白的。也許他們昨天還站在你這邊，今天就莫名其妙的和你對立了。其實水瓶們愛說反話和善變的個性並不是有心的，只不過是他們不想成天附和別人的意見，是為了表現自己的獨特性才這樣的。

容忍水瓶們的多變，是你和他（她）關係親密、逐步升溫的前提。和瓶子相處久了，你會發現，雖然瓶子的確是一直變化著，但是整體上，是從一個讓你有好感的普通朋友變成值得一生深交的好友或者是戀人。雖然這條變化趨勢線是曲折起伏的，但是整體的趨勢卻是可喜而前進的。因為隨著你的忍耐和寬容，瓶子也逐漸付出自己的真心，一旦信任你，便會終身守護這份感情。

大家都知道水瓶座好奇心重，喜歡創意，腦子裡總是閃現很多的、有趣的點子。他們的腦袋會不由自主的有些奇怪的想法，這些多變的離奇想法是不會輕易停止的。不要埋怨水瓶座的人不把你當朋友，早已發生的事現在才告訴你，這只是因為瓶子天馬行空的腦袋實在變得太快，所以讓你分享的就只有冰山一角。如果你因此認為水瓶座的人還沒向你敞開心扉，或者是認為他們虛偽不真誠，那就冤枉水瓶們了。

總之，習慣水瓶座的人多變的想法，你就不會陷入總是猜來猜去的複雜念頭裡了。

　　瓶子們的冷熱無常，會讓他們的情人莫名其妙的不知道該怎麼跟他們相處。這些人通常有個怪脾氣，他們雖然對什麼事情都表現的不怎麼在意，但是，心底還是會在意的，瓶子不是在假裝的，他們就是那個樣子。而且，他們對愛情並非不專一，只是無法完全專注。不要逼迫水瓶座的戀人承諾什麼，因為他們自己也不知道承諾是怎麼一回事。如果因為你對自己地位的不確定，總是和他起爭執，當他受不了的時候，你也可以放心，水瓶座的人不會生氣也不會失態，只是會選擇一個人靜一靜罷了。

　　崇尚自由的水瓶座的人，外表上呈現冷漠與熱情的多變形態。你不會覺得他們是個冷漠的人，也不會認定他們是個熱情的人，總是會感到他們的天真與世故不斷的交錯運作，這完全歸因於他們的保守性格。所以，為他們的多變型人格煩惱完全是自討苦吃，試著習慣和容忍，對自己對水瓶座朋友，都是一件好事。

雙魚座 （2月19日至3月20日）

● 怎樣攻克雙魚座的心理防線！

標誌著經歷嚴冬等待重生，性格屬於神祕主義者，愛憑直覺做事，內心充滿矛盾，敏感溫柔，是最靈敏的環境感應器，最會發掘人的情緒變化。

交上一個感覺對的朋友，會使雙魚座的人感到「於吾道不孤」而為之興奮不已。但這並不能稍減他們心中的孤獨感，他們仍認為人是互不相屬的獨立個體，因為魚兒們的內心總是隱藏著一道「心理防線」。

攻克雙魚座的心理防線，你們的關係才會由寒暄點頭的普通朋友，上升為無話不談的親密知己或戀人。

雙魚座是很善於傾聽別人的星座，他們細心體貼，溫柔如水，總是懷抱著同情心對不幸者關愛著。

主動而真誠的付出，會讓魚兒感受到你的善良和好意，並且

投桃報李。主動坦白你對魚兒的好感，試著約他（她）一起去逛街、遊玩，雙魚座的人不會拒絕你，天生不知道如何拒絕別人的魚兒只會隨你高高興興的相處，因為你的主動，讓魚兒覺得自己是深受你喜歡的朋友，而隱藏在性格裡的自卑情緒也在你們輕鬆的交往中不見蹤影。

試著多跟魚兒說些真正的心裡話，這個時候，魚兒也會跟你坦白心事，沒有顧慮。在交談的過程中多表現出對魚兒的欣賞與肯定。魚兒其實很喜歡被關注和欣賞的感覺，所以你的讚美會讓魚兒一下子就喜歡上和你在一起的感覺。

談話的過程中，不要老是說工作上的無趣事情，如果你談話的時候多一些浪漫主義的藝術情懷，這會馬上引起魚兒們的興趣。評論一齣劇、一部電影、電視或藝術作品，或者說些比較神祕有趣的故事，都能讓雙魚好奇的雙眼注視著你。

當你和雙魚座朋友比較熟悉的時候，你就要讓雙魚座獨占話頭。要是你對所談的問題不懂，雙魚座會很樂意為你解釋，因為其實雙魚座最喜歡的就是給人說教。雙魚座很細心敏感，而且也總是很樂意傾聽別人的煩惱傾訴，雙魚座的人是很稱職的「情感垃圾桶」，然而自己的傷痛卻常常埋在心底。

如果你能在雙魚座的人低落的時候，試著鼓勵和安慰他們，扮演一個良好的聽眾朋友，悉心的聆聽魚兒們給你講的點滴瑣事，及時鼓勵魚兒，相信魚兒一定會記住你。在雙魚最需要幫助

的時候，傾聽和鼓勵是最好的方式。

　　雙魚座的女人，心是玻璃做的，既然她交給了你，你可得小心呵護才行。愛幻想的雙魚座女人總是對未來充滿期待，但是環境的變化也常常讓她選擇逃避現實。當魚兒有點低沉逃避的傾向時，不要說些傷害魚兒心的話，而且雙魚座的情緒總是波動起伏的，他們總是很敏感對方的微小變化。大聲說話或是一個不耐煩的表情，都可能讓雙魚座女孩心碎。

　　雙魚座的女人很缺乏自信，即使她們擁有了那麼多的優點，也會經常覺得自己不夠好，不夠堅強，不夠有上進心，不夠能幹。她們總是越想越擔心，越沮喪。因此，她們非常需要你給她們鼓勵和安慰。

PART

這裡有最適合你的工作！
翻開星座書頁，擇業不再發愁！

十二個星座，十二種獨特氣質，決定了十二種不同的人生軌跡。
人生漫漫，你還在為未來做什麼發愁嗎？競爭激烈，你還不知
道最適合自己的工作是什麼嗎？

有些事情，你能完美的達成任務，而有些工作，不管你怎麼做
都不能讓人滿意，人的工作成就與性格氣質無關，但是性格氣
質確實決定了你適合什麼樣的工作。

是的，這些天生的力量決定著你的擇業方向！翻開星座書頁，
找到屬於自己的代表「座」，這裡有最適合你的工作，這裡有
屬於你自己的從業寶典！

牡羊座

● 有風險的地方就有你的身影！

牡羊座的人深愛自由，不喜歡受到外界的壓抑，羊兒有著旺盛的企圖心和冒險精神，時時勇於嘗試，精力旺盛，一旦確定目標就會全力以赴。對於活潑熱情，時時充滿春日朝氣的牡羊座，有風險有挑戰的工作，才能滿足積極進取的牡羊座愛好冒險的情結。

活潑自信的羊兒，從小不是擔任班長，就是孩子王。因為他們天生具有領袖氣質，喜歡指揮別人。和許多人在一起時，他們很自然成為焦點中心，不怒而威的氣勢更容易吸引別人的眼光。

羊兒具有積極開創的精神，有可能成為探險家，也有可能將冒險犯難的精神發揮在別的領域中，而得到真正的滿足。羊兒們最好能有一技在身，自己獨立經營生意。若身處大公司中，也應盡量選擇業務或開發部門，讓原有的冒險精神能徹底發揮。

秘書、財務、工業技術、公務員等缺乏變化和挑戰性的工作奉勸牡羊座的人還是不要嘗試，因為你們絕對受不了這種日復一日的單一生活！

牡羊座的人在戰鬥狀態下通常能發揮很大的潛力。如果處在

平穩的狀態下，他們的大膽行為及敏銳的觀察力可能容易生鏽。此外，要他們卑躬屈膝的工作，可能會令他們苦惱不已，同樣需要持之以恆的工作也應盡量避免。所以，社交性強的羊兒們，非常不適合刻板、一成不變的工作，哪裡有風險和挑戰，哪裡就有羊兒活潑好動的身影。

有強烈牡羊座傾向的人，性格進取、慷慨、活潑。羊兒應變能力敏捷，處事明快，但往往粗枝大葉容易忽略細節。在擇業時，作家、播音員、政治家、設計師、旅遊業、職業運動員、企劃部門等都是可以值得努力的方向。然而，羊兒缺乏耐心、有點急性子，最喜歡開快車。調查研究，醫生等需要耐心和精細的觀察能力的職業都不是適合他們的。

羊兒思想敏銳，天性好動難以安分，別人絕對無法勉強他們去從事不感興趣的事物。競爭和冒險就是牡羊座的天性和本錢，所以可發揮上司力以及富於探險性的工作對他們來說如魚得水，辛苦鑽營或一成不變的工作可能會悶死羊兒！牡羊座的座右銘是：即使失敗，也比什麼都不做來得好。所以他們不喜歡維持現狀，而喜歡向未知挑戰。

牡羊座的人很適合自主創業，他們獨具個性的熱情會激起身邊的每一個人朝未來的藍圖努力。然而，為了某種目的，不惜一搏的牡羊座不是一夜致富，就是經濟危機。對金錢漫不經心的他們，若要創業，最好找個理性沉穩的合夥人比較保險。

金牛座

● 穩定的工作最合你胃口！

牛這個符號形象，透露出這個星座堅毅的本質，也許反應並非敏銳靈活，但只要想到牛脾氣，就知道其蠻勁絕對不容忽視。金牛座不論做什麼事都是行動緩慢、意志堅定，這樣一股力量是無可匹敵的，而十二星座之中也只有摩羯座可與之匹敵。

對於金牛座來說，穩定的工作最合你的胃口。金牛座非常重視安全感，不喜歡頻繁的變動，凡事講求平穩確實、寧缺毋濫。

掌管金牛座的維納斯（金星），因被丘比特的箭誤射而愛上美少年阿多尼斯，最後靠芬芳的香水、珍奇的珠寶來擺脫自己對美少年的依戀，由此可見，藝術美與物質這兩個元素對本星座來說可謂相當重要。

金牛座是一個做事有計劃且能堅持到底的人，他們適合從事穩定且變動較少的工作，如總務、人事管理、雕刻家、廚師、會計師等都是不錯的選擇。而且牛牛常常缺乏工作協調性，不善於分工而導致工作獨自完成。

　　需要精細技術和耐心的工作，金牛座的人常常能做得很棒，但是靈活性強、挑戰大的工作卻讓牛牛感到無所適從。事實上，金牛座可說是天生的投資者、精明的生意人，擅長炒股票，也適合做期貨交易。

　　金牛座的人天生都有很強的金錢觀念，對事物的價值能立即察覺、一眼看透。有很多中小企業老闆、高收入者，以及成功的投資人都是這個星座的。而且金牛座尤其對音樂、美食、珠寶、和藝術品這些具有收藏價值的事物感興趣，可說是「美」的擁護者、信徒。可是，金牛座所追求的是真正的價值，像正直、誠實、自然生態這類不能以金錢衡量的「價值」，才是金牛座價值觀的金字塔尖。

　　演藝界、藝術界、寶石鑑定業、金融業烹飪、料理事業對金牛座的人來說，都是很適合的職業發展方向。金牛座的人有著某方面的藝術天分，極有自己的品味，亦不流於風潮，或許屬於沒有求新求變的勇氣的人，但是金牛座的人的腳踏實地、從容不迫等特性卻是很顯著的。

　　牛牛不願冒險，寧可繞遠路，也要選擇一條安全的路，而別人一天能決定的事，他們可能要一個禮拜，是個「皇帝不急，急死太監」的慢牛！不過，就因為他們這種謹慎的做事方式，失敗的機率便降低，加上他們頗有責任感、思維嚴密，所以儘管他們總是慢半拍，也總是能得到上級的好感。金牛座的人，工作能力

相當強，藝術鑑賞能力更是一流，若能再發揮點冒險精神，將有助於開拓人生。

忙碌的都市上班族本來並不適合凡事慢半拍的金牛座，但平凡的上班生活所帶來的安全感卻相當合乎他們永續經營的願望。所以，他們選擇職業時，不管工作多有發展，若不能給予安定的保障，他們絕對不會考慮。

雙子座

● 讓你的口才在職業上大放光彩！

雙子座的人大都相當健談，幾乎是為說話而活的。雙子座可說是八面玲瓏的社交高手，他們談起話來話題之豐富，常令對手歎為觀止。他們擅長和人議論，再加上腦子動得快，又有理性思考方式，如果雙子座的人擇業時能讓其口才大放光彩，定能獲得事業的巨大成功！

雙子座的巧妙的口才，加上大方的氣度和行動力，使他們能活力充沛的遊走於各個社交圈，並為所有人帶來如陽光般的清新氣氛。新聞事業（網路、廣播或電視）能夠滿足具有語言方面才能的雙子座急於溝通的本能、喜歡變化的需求。

此外，喜歡旅行和擅長交涉的能力也讓他們適合從事業務工作。他們對教職也能充分勝任，因為他們是所有星座中最能迎合時代潮流的星座，故而和學生較易打成一片，不容易有代溝的問題。外交官、記者、教師、資訊業、翻譯、律師、導遊、演講家、推銷員等能大顯雙子高超「口才」的職業，都是雙子座的人

發揮才能的理想天的。

雙子們有著旺盛的求知慾，使他們在處理事情時能從全方位考慮，並且有迅速判斷的能力。他們才幹出眾，不過若能多點恆心耐力，絕對成就無限。

雙子們需要不斷發掘新的興趣，故應避免從事單調、冗長的工作。旅行文學作家、廣告文案、資訊媒體人、傳播家等「新意」無限的職業，都是雙子座的人可以大有所為的領域。

另外，Ａ型雙子座最大的利器就是對情報搜集及運用的能力，在這個資訊爆炸的時代中，他們稱得上是媒體寵兒。土木建築、警察、工業技師、金融、園藝等比較枯燥的工作會讓雙子們興趣索然，是不利於他們發揮特長的職業。

雙子們善交際和隨和親切的性格結合，使他們相當容易建立人脈。能幹的他們，不只是唸書和工作在行，連運動、音樂的才能也是一流的。

有些雙子座的人處理事情方面相當具有能力，但是這項得天獨厚的條件並不能為他們帶來成功。因為他們還缺乏努力、耐性，而運氣向來都差的他們，如果能再加強毅力，一定會爬上最頂端。造型設計、專欄作家、證券交易等都是可以成為處事能力較強的雙子座的人最佳選擇。

雙子座的人雖然能說善道，然而並不是熱情洋溢的人。他們內心多面，而且冷靜聰明的雙子很懂得靈活變換自己的角色。資

訊媒體人、演藝事業、新聞傳播家、播音主持、咨詢產業都是雙子座可以大展其「說」的能力的方向。

　　雙子座的人有時候會高估自己的能力，一心多用，同時追求各種事物，最後可能只獲得「博而不精」的稱號，雙子們應該立定目標，腳踏實地的去實現，最重要的是要好好發揮雙子座的冷靜判斷力和絕佳口才，使自己的目標更富於變化與創意。

巨蟹座

● 最適合巨蟹座的人的9種職業！

☆教師

巨蟹座的人能夠給人安全感，配合與生俱來卓越的記憶力，不僅記得許多人的名字、面孔和一些瑣碎的特徵，加上心思敏銳和伶俐的特質，使他們能成為很出色的教師。巨蟹座的人同時也生性慷慨、感情豐富，樂於幫助有需要的人，喜歡被人需要與保護人的感覺，所以幼兒教師、護士等職業也是巨蟹座的人不錯的選擇哦。

☆演員

巨蟹座的人的天賦主要表現在想像、音樂、繪畫、小說、電影和幻想創作方面。在幻想中他們喜歡演一個角色，從中去確認自身的價值和尋找所需要的自信心。由於主宰行星月亮對他們的影響，他們可能成為深受觀眾崇拜的演員。他們的激情和藝術天賦能深深打動觀眾的心。

☆廚師

巨蟹座是一個重視生活細節的星座，只要和生活有關的事物都會引起蟹子的重視。

雖然做事低調的性格使蟹子更喜歡從事一些非前線的工作，烹調方面的天才使其很適合成為廚師，也適合經營飲食業，不過其只有在安靜的工作環境中才能避免因情緒緊張而導致消化器官的不適，故必須慎選工作場所。

☆行政人員

巨蟹座的長處之一是記憶力甚佳，對一切事物都有很好的記性，這也許和他們喜歡不斷回憶過往的性格有關。他們對事情提出看法，喜歡訴諸直覺，且通常都能做出正確的判斷。這一點使巨蟹座的人可以成為很出色的行政人員。

☆護士

巨蟹座在護理病人方面是出類拔萃的。在工作中，他們的敏感常給他們帶來麻煩，一絲困難就可能使其內心產生強烈的反響。相反的，當他們感到自己深受別人信賴時，會與周圍人建立良好的關係，激發出無限的真誠和創造力。

因為巨蟹座具有個性善良、感覺敏銳及長於家務的天性，女性是優良的看護人選，特別適合照顧嬰幼兒。

☆餐飲服務業

由於巨蟹座的人特有的責任心和組織能力，使他們能在一切與公眾接觸的工作中贏得信譽並發揮才智。

此外，這星座的人一般喜歡美味佳餚，欣賞出色的烹調技術，所以飯店業、旅館業、食品商業也是巨蟹座理想的職業發展方向。

☆各種研究人員

而其天生喜歡思古懷遠，加上良好的記憶力，對舊事件的枝枝節節都能隨手捻來毫不費力，也適合從事歷史研究與考證的工作。

☆公益社會家

巨蟹座的人富有愛心，性格比較沉穩，作風謹慎，對所愛之人隨時保持高度關懷，在公益活動中常常能找到最大的滿足。

☆藝術家

巨蟹們天生具有旺盛的精力和敏銳的感覺，擁有超群的直覺和敏感。這星座的人多半喜歡生活在旖旎的幻想中，所以作曲家、編劇、作家、畫家的工作無疑帶給他們最舒適的享受。

獅子座

● 你應該選擇仕途！

　　獅子座擁有超然的自信和倔強的韌性，堅信自己的想法，富於個性。相信有志者事竟成，面臨任何困境都不會輕言放棄，會憑藉堅忍不拔的毅力戰勝艱難險阻。他們絕對不能從事太過於沒地位的職業，這會嚴重損傷獅子們的自尊心，所以最適合從事一些管理與決策性的工作，也就是說，獅子座的人應該選擇仕途。

　　獅子座的人需要一份能夠充分發揮才能的工作，他們熱愛工作，總是全力以赴，幾乎不知休閒為何物，尤其是適合需要高度創意和藝術性的工作，才更能滿足其工作狂的特性。

　　獅子座的人由於天生具有上司能力，能夠在最愉快的氣氛下引導別人付諸行動，頗適合為人師表，而他們本身亦能從教育英才的工作中得到最大的樂趣，不過他們適合教導年紀較大的孩子。

　　行政官員、珠寶業者、證券業者、經紀人、演員、休閒娛樂業、政治家等職業對喜出風頭的獅子來說再適合不過了。同時，

獅子在舞台表演和藝術能力上也有著絕佳的天賦。樂觀開朗、充滿無限活力的獅子座，天生喜歡表演，站立在舞台上的他們永遠都會光芒四射。所以當他們成為娛樂界或者藝術界的一員時，他們會覺得如魚得水，充分享受這鎂光燈下的工作。

獅子們適合獨創性質的工作、高級職位，如外交、銀行、交易所、首飾業、高級旅館業、大型企業、遊樂場、藝術博物館、戲劇團體的上司人。獅子座的人喜愛交際，重視朋友，個性豪爽，有強大的上司能力，並且具有激發人心的氣質，經常是團體中的焦點人物，具有堅忍不拔的性格，儼然王者之風。

獅子座的性格、特性一目瞭然，毫無複雜或隱藏難解之處，是王者、是上司。總之，在團體中他們是上司者，且其深知自己此種操縱和上司別人的能力。此星座人不僅擅長上司，本身也能以身作則，努力工作。

獅子座的人野心雖大，但事實上他們也是個忠實勤勉的下屬，但有一個前提，就是上司的威嚴足以使他們心服。在此類主管的上司下，他們能夠無怨言的承擔最艱巨的工作，甚至對呆板枯燥的工作也能夠不厭其煩的承受。萬一他們的上司屬於愚蠢、氣量狹小或是缺乏組織能力者，獅子座的下屬就只有另謀高就一途了，他們無法接受這類上司的指揮。

廣告從業員、室內設計、導演、珠寶業、飲食業、雕刻家等都是適合獅子座的人的工作。獅子座天生具有戲劇天分，是舞台

上眾所矚目的焦點。他們天性熱情、樂於助人、樂觀、進取，有他們存在的場合，往往就有陽光和歡笑。

漫畫家、歌手、陶藝家、演員、政治家、舞蹈員等都很適合頗有戲劇天賦的獅子座。但是令人感到訝異的是，獅子座的人相當敏感，容易受到傷害，不過因其具有戲劇天分，故在表面上能夠不動聲色，並且對不公平的對待展現出最大的寬容。在被激怒的時候，他們會以王者的威嚴懾服對方。

處女座

● 服務類職業是你的最愛！

處女座的人天生就有很好的學習能力及語言天才，更有分析能力加上聰明的頭腦，學習事情都很快，很適合從事的工作就包括了：需要高度感應數字能力的行業及需要分析、統合能力很好的行業。

處女座適合從事服務業，因為他們需要從秩序規律的環境和日常活動中獲得安全感。他們喜歡把自己盡善盡美的服務精神運用到工作上，勤勞及節儉是很適合服務業的，服務別人向來都能讓處女座從中得到快樂及感覺別人需要他（她）們的重要性。

服務業的範圍很廣，哪些服務業適合他們呢？處女座不喜歡有太多煩瑣雜事的工作，最好是自己已經很嫻熟的工作，這樣不但興趣十足，而且信心滿滿。適合從事的工作有：股票買賣、醫生、新聞記者、講師、學術研究員、作家、公務員、會計、編劇、調查員、工程師等。

處女座凡事都不願意依賴別人，所以金錢對他們來說是很重要的，相當的財產才能保證他們生活無憂。他們會為了每個月的薪水認真工作，反正他們本來就是老實本分的人，所以工作是不

是有趣無所謂，能不能出風頭不重要，有沒有權力在手也不在乎，最重要的就是合理的報酬。

處女座的人謹慎冷靜，做事周到、細心、謹慎而有條理，並非常理性，甚至冷酷。有特殊的評論能力，喜歡把事情一點點的分析、批判。處女座是最有辦事能力之一的星座，喜歡追求完美，總是可以把事情做到盡善盡美的地步。一些需要專注和細心的工作，都是處女座最常從事的行業，例如：辦事員、公務員、行政人員、秘書、會計和出納、紡織業者、圖書業者、教師、編輯人員、科學研究等。

由於天生欠缺上司能力，處女座的人很難成為出色的主管，不過卻最適合擔任幕僚工作，給予上司者合宜而穩當的幫助。基本而言，處女座的人找尋工作的前提是必須有穩定的收入，經濟基礎的堅實能予其充分的安全感。此外，凡是對任何有關分析方面的工作都能愉快勝任。由於水星的影響，處女座的人往往是出色的文學評論家，或是更傾向於雙子座喜歡溝通的本質，他們也很適合從事新聞或播音員的工作。

處女座的人比較喜歡在自己的角落裡埋頭苦幹，對於引人注目的事沒興趣，而且他們的工作也常常是需要獨自在安靜的環境裡進行的。比如說他們很適合各種「挑錯」的事，不管是書報編輯、老師、會計等，都是最能發揮他們完美主義天性的工作。細心的處女座也很適合從事研究工作，因為許多研究是三年五載沒有結果的，如果沒有耐心和毅力絕對做不下去。

天秤座

● 與人有關的職業，才能盡展天秤才華！

　　他們很擅長抽象的思考分析問題，從中找出脈絡條理，並加以解說和利用。企業顧問、律師之類的職位可以讓他們大展所長。天秤座的人有保持平衡、公正的天性，再加上對人心的瞭解，善於建立良好的人際關係，也使他們有潛力成為出色的貿易商。

　　他們很容易察覺到市場趨勢的變化，並判斷利弊得失，並且很喜歡在交易時與別人互動。由於他們會盡力促成公平的交易，使雙方都能從中獲利，所以大多數人都喜歡和他們合作。

　　理性思維旺盛的天秤座最喜歡不斷動腦的工作。天秤座的人在金星影響下，具有相當的藝術天分，所以常被服飾、美容、室內設計、音樂、珠寶等類的行業所吸引。他們可以將藝術的愛好和賺錢的事業結合起來，同時得到物質與心靈的滿足。

　　除了外表過人外，內涵對天秤座來說也是重頭戲，他們喜歡美的事物並能培養美的鑑賞和感知能力，因此天秤座可以朝空間設計方向努力，或者成為一名出色的藝術家。天秤座的守護星是表現愛與美的金星，因此天生對美的感受強烈，能抓住和諧的平

衡感，特別是對於音樂方面的才華、富有創意的設計等等都十分敏感，尤其厭惡任何不協調的感覺。

從上天賦予的優越機智和社交能力來選擇的話，最適合天秤座的人的工作是擁有發展空間的職業，例如外交官、作家、藝術、設計等相關工作。

天生屬於社交型人物的天秤座，喜歡跟每個人保持和諧的關係，而且他們舉止優雅、不會隨便傷害他人的感情，對於自己的言行舉止很合宜，絕少激動的言語或行動來表現喜怒哀樂等情緒。因此他們給別人的建議相當中肯，可以用巧妙的理論和溫和的言語說服對方，像講究外貌儀態的行業，天秤座也很容易出線，如演藝從業人員、公關服務人員等。

天秤座的人具有良好的管理能力，做事有效率、細心，凡事都有計劃、深思熟慮的他們，不但熱愛工作，也喜歡跟別人交涉，在任何情況下都很和氣，不會帶給同事壓迫感。

另外，由於洞察力敏銳，能輕易看穿別人的想法，常會想出很好的宣傳或行銷廣告的點子，尤其腦筋轉得很快的他們，適合去開發新客戶，因為不管什麼場合都能讓他們出盡風頭。同時對國家社會議題有興趣的天秤座，可往公共關係或外交等領域發展。

天秤座的人不善獨處，工作上也適合和人合作，而不適合獨挑大梁。如果想經商的話最好與人合夥。他們很適於藝術或公關的職業生涯，與人有關的一切職業都能讓天秤座的人綻放光芒。

天蠍座

● 與調查有關的行業最適合你！

天蠍座個性強悍而不妥協，也非常好勝，蠍兒們在心中總訂有一個目標，並且非常有毅力，以不屈不撓的鬥志和戰鬥力，深思熟慮的朝目標前進。因為擁有強烈的責任感，做事集中力強、有非凡的感應力，他們適合從事調查方面的工作。

天蠍座的人對工作有權力慾望和野心。對於自己所喜歡的工作，可以顯露出無限的熱情；而對自己所不願意去做的事，就顯得興致全無，所以工作當中的興趣是很重要的。與調查有關的行業、牙醫、內科醫生、中醫師、魔術師、命理業者、稅務人員、間諜、藥材商、靈媒、具有祕密交涉性質等職業最容易展現蠍子細膩察覺的本事。

除此，天蠍座的人具有敏銳的觀察力，感情豐富，而且很善於傾聽別人說話、善解人意，也很適合擔任一般咨詢顧問的工作，像是心理學家、輔導人員、教育學者等。

事實上，天蠍座的人確是較深謀遠慮，而且情慾之強烈可以

排名十二星座之冠，然而只要能把這能量導向正面事物，往往可以造就出讓人刮目相看的成績。

書記、補習班、飲食業、針灸師、游泳教練、接線生、評論員、印刷、律師、珠寶業、市場開發也是天蠍座的人值得努力的方向。

天蠍座的人需要從事有成就感的工作，而無法忍受單調的例行公事。他們一旦發現工作上缺乏挑戰性時就會另謀他職，甚至會強迫自己置身麻煩中，努力從逆境中建立起自己的基業，或是放棄已具規模的事業重新奮鬥。

保險員、醫生、公務員、占卜師、護理員、教師、員警、古董家、檢察官、護衛員、圖書館管理員等都可以是天蠍們進展順利的行業。

很能洞悉人性心理的天蠍座，常能在幾句話當中進行抽絲剝繭而尋求出整個事件的脈絡，會是個出色的心理學家，可擔任心理咨詢師或心理治療師等工作。任何使他的能力面臨最大考驗的工作，都能夠滿足他們對工作的需求。

天蠍座的人具有找出問題核心的長才，若是從事犯法的工作，也會是個智慧型的罪犯。

此星座的人常擁有權力、財富、名聲和人所稱羨的地位，但要留意的是，不要輕易與他們為敵，因為他們本身是一個容易記仇的人。像形象指導、政治家、稅務員、廉政公署、心理學家、

速記、大學教授、私家偵探等工作都很適合天蠍座的人。

　　追根究底的學術研究工作，是天蠍座的人所擅長的項目之一。他們可以全神貫注在長期性的探索當中，並經常選擇和醫學有關的項目如外科或心理學當作研究的對象。天蠍座的人也可成為優秀的軍人或水手，他們喜愛紀律，並能恪遵不誤，或許軍事化的生活能夠滿足他們近乎自虐的心態。若善用天賦，亦可在偵探、間諜、科學界大有發展。

射手座

● 這些工作會使你更輝煌！

　　機動性高、適應力和應變力都強的射手座，是典型的火象元素變動型代表。由於生性具備了充沛的體能，因此生命中似乎永遠不會有冷場。誠實和坦率是射手座的一大特點，這樣的特質加上理想遠大、眼光宏大，通常是成就大事業不可或缺的幾個最基本要素。

　　最關注提升的射手座，適合所有可以獲得進步和發展的工作和事業。外向的他們適合多變的工作與環境，所以多元化的服務業比較適合他們發展，當然需要想像力的創意工作也非常適合的。需要中規中矩的製造業，或者一成不變的內勤工作，對他們來說就比較沒有吸引力，恐怕不到三天就會因為無聊而走人了。

　　由於射手座的象徵圖案是人馬獸，因此具備馬的行動力和人的智能。射手座行事效率高，而且相當積極，是能在競爭中脫穎而出的一大致勝關鍵。

　　射手座的主宰行星是木星，木星是太陽系中最大的行星，因

此在性格上，射手座也具備了慷慨和寬容的特質，射手座的人馬精神，不拘於單一的文化和價值觀，喜歡以不同的觀點省思，因此痛惡思想的禁錮，喜歡不斷的開拓自己的生命視野，這樣的優質潛能，可以好好發揮。

民意代表、律師、國貿、公共關係、廣告、媒體新聞、出版業、教育、經紀人、行銷工作、企業家都是射手座的人可以成功的行業。

射手座的人對工作和他們個性一樣熱情開朗，總是用樂觀的心態來面對人與事。當他們喜歡這份工作的時候就會非常投入，但若是不喜歡，相反的，他們根本不會用心去理會。

射手座喜歡的行業：運輸、演藝工作、企劃製作、記者、銷售、業務代表、藝術創作、直銷及保險業務、房屋仲介、股票、學術研究、代理商等。

然而政府單位、公務員、內勤人員、編劇、場記、助理性質工作、醫護工作等是射手們需要三思的行業，因為不圓滑的個性，會使射手們在無形中得罪人也不自知。在職場，比較適合從事沒有人際包袱的工作。政府官員及公務員這種性質的行業，會讓射手座的人緣大打折扣。

樂觀、積極、正直坦率、酷愛和平、待人友善是射手座的人的優點。在掌管公理正義的木星影響下，射手座也很適合從事和法律有關的職業，他們天生正直，極度的誠實，對於真理充滿熱

情，在司法界應該會有很優秀的表現。

　　當然他們適合這個領域的理由之一，也是因為他們的厚臉皮和充滿說服力的口才。

　　或許表面上看不出來，樂天派的射手座其實很關心社會福利之類的議題。他們常常參與慈善團體或社會福利機構的活動，甚至可能搖身一變成為犧牲奉獻的神職人員或社會運動人士。

摩羯座

● 請在職場上展示你的才能！

「工作」是摩羯座的人生的最大中心，他們的責任心和毅力都很強。雖然會遇到一些挫折，但成績絕對沒有問題。他們往往會比別人花更多的時間去完成一件事，但卻也比別人來得更有毅力，這就是他們成功的要訣。

嚴謹過生活的摩羯座，常給人一副過於老成持重的感覺，欠缺活潑朝氣。雖然如此，摩羯座卻可以運用這種穩重的特性，在職場上闖出自己的一片天地。

適合摩羯座的行業，一般多認為是公家機關的行政工作人員，憑摩羯這麼努力用功的人，要憑業績成功，並不是什麼困難的事情。

摩羯座受到表現秩序、威嚴與保守的土星所支配，具有駕馭自己事業的能力，有正義感、做事踏實，而且知識性、探索性、研究心旺盛，非常適合從事宗教或法律之類的工作，以及建築師、醫生政治家等比較注重秩序感與計劃性的職業。

摩羯們辦事能力與效率皆有目共睹，行政工作可說是他們的拿手好戲，他們資料建檔的能力極強，編輯和校對功力也頗深厚，不容易出錯，也因此常被視為辦公室的「安定器」。摩羯座非常謹慎本分，是很能吃苦的人，即使面對很枯燥的工作也能有耐心的一直做下去而不會煩躁。一般不適合自己創業，適合融於團體中做個兢兢業業的好員工，他們會是很好的執行者而非開拓者或創意人。

適合的職業有：會計師、審計員、園丁、警察、保全、農民、養殖員、政府公務員、醫生、律師等等。

摩羯座的人喜歡在組織嚴密的機構裡工作，做事的方針和未來的發展性都有明確的指示。然而摩羯座也不是非得坐在辦公室像個老姑婆一樣，基本上他們表面像一顆安定的植物，但卻暗藏著野心，因為摩羯座的人相信，就算現在職務和薪資不怎麼樣，以後也一定會成為受人尊重的角色。

例如，作家、編劇、建築師、政治家、技術工人、房產商、房產或的皮經紀、房地產評估師等實業性質的工作，都是摩羯人的職業選擇方向，如果工作有一定靈活性和發揮性，更能引起摩羯人的工作熱情。

摩羯座很因循傳統並且服從權威，服務於體制老的公司反而比身處新派公司要來得習慣，摩羯座如果能藉由工作累積資歷，往往也能以此來建立威信和自信。注重倫理、講究專業、營運穩

定且福利完善的稍具規模企業較適合摩羯人生存。畢竟，具憂患意識的摩羯們需要有保障的工作，才能無後顧之憂的發揮能力。

　　無論是什麼行業什麼職位，只要他們找到了自己的目標，應該都有不錯的建樹，企業管理、投資咨詢、律師、醫生等等比較辛苦但回報豐厚的工作，都很適合責任心強的摩羯人。

　　摩羯人非常低調、謹慎、含蓄，相對於其他人，他們的權力慾望並不十分強烈，喜歡專注於自己喜歡的領域努力工作，是非常順從的員工，很容易在創作、設計等領域做出成績。

水瓶座

● 最適合水瓶的一份職場規劃！

水瓶座的人需要富有創意或是能夠使自己長進的工作，他們對一成不變的例行公事很快就會感到厭倦。當然，當然也有足夠的能力從事呆板的工作，不過這卻白白辜負了他們與生俱有的創造能力。只要有機會，水瓶座的人便能想出許多新奇的點子，並且賦予他們所從事的工作，一種嶄新而獨特的面目。

水瓶們具有獨特的思考路徑，也因為不按常人的想法思考，所以常會有令人驚喜的發現，他們稱得上是天生的發明家和哲學家，對美感向來有自己的一套，這種自信讓水瓶座的作品具有特色，漫畫和插畫作品顯得極為特別。

漫畫家、專業插花、油畫、設計師、造型師等都是適合水瓶座的人的職業。多數的水瓶座的人在童年時都有想成為天文學家的志願，願意嘗試也讓水瓶座的人在科學和神祕學上有所成就。

水瓶座的人非常富有創意，隨時都可以發揮熱情、熱忱、原

始能量去完成工作。詩人、戲劇家、作曲家、作詞家等都是浪漫的水瓶座的人可以考慮的職業方向。

當水瓶們下定決心完成工作，並賦予團體力量，將之推向更高的目標時，也可以使別人充滿能量。當前盛行的電腦資訊產業，水瓶座可投入程式設計行列，並且有創新的種種可能。

他們的興趣是超派系的，所以他們會做最符合整個團體利益的事。他們可以成功的推動他們所相信的理想主義或人道目標。軟體設計師、電子產品開發、研究人員等都是水瓶們偏向理智的合適職業。

水瓶座的人在需要客觀性的工作中，會有很好的表現。他們會是出色的科學家、占星家、電氣工程師、技術人員、電腦專家。任何需要預見未來，並落實於當下能力的工作，例如需要將創新的意見於大眾面前公開的工作，都可以使他們成功及快樂。這個族群的人會藉由本身所適當運用的創造性能量，生產正面的結果，而且可以堅持貫徹到完成的階段。廣播電台或是電視台的傳播工作，也是他們有用與生俱來才能的範疇。

水瓶們不適合獨立工作，會因過於認真的態度而使壓力過大，造成心情緊張、憂慮不安，故適合與別人合作，甚至僅作為團體的一部分，在無壓力的狀態下，方能完全展現其絕佳的記憶力與創造力。

水瓶座的人在團體中可以發揮作用，因為他們知道如何促進

開放、和諧的合作關係。但是如果水瓶們執意進入以自己為重心的行業，而不是以更高原則為重心，如電影明星、企業負責人、軍隊或政治人物時，他們會變得冷酷無情，無法平等的對人。

水瓶座的人在利用自己的技術推動重要的宇宙目標方面，會有較好的表現。他們在空間和航空領域、電子、攝影、電影、神祕學或哲學獲得很好的發展。

雙魚座

● 天賦在這些職業中閃亮！

雙魚座是最像藝術家的星座，所以對他們來說和藝術有關的職業都很適合。例如藝術家、畫家甚至是詩人或舞蹈家等等都是屬於他們的職業。適合雙魚座的人特質的職業，能讓溫柔敏感的魚兒閃亮生輝，秀出自己的精采。

工作不會是雙魚座的人生目標，所以別人會覺得他們沒志氣，而且太情緒化，不適合太大壓力和責任的工作。然而有創意又有變化，可以發揮幻想力和藝術性的工作，卻常常讓魚兒暢遊其中。其實雙魚閒散兼迷糊的個性，不太適合太過於制式化的職業，所以很多雙魚們從事的還是比較沒有規則的自由業。同時，善良的他們也很適合從事社會福利和慈善事業，這些對於發揮他們過於悲天憫人的天性倒是一個不錯的方式。

一般說來，雙魚座的人不擅長邏輯和科學方面的思考、不適合吵雜的工作場合或從事紀律嚴格的工作，他們具有濃厚的藝術氣息，並且有那種把自己的感情融入工作中的天性，所以適合往藝術、文學或設計界發展。

除此之外，對於宗教和玄學，他們都有著特別的天分，能夠

發揮他們敏感而神祕的特質，感受到別人所忽略掉的事物。當然，魚是生在海裡的，所以雙魚座也和漁業以及和一切航海業有很大的關聯，他們很適合從事這一方面的工作。

不講究證據及注重研究精神的雙魚座，喜歡憑自己的感覺行事，不管別人如何建議。富有直覺能力的雙魚座的人適合的工作有演員、作曲家、詩人、作家、舞蹈家、模特兒畫家、舞台設計、歌手、神職人員、社會工作者、醫藥工作者、保育工作者。

雙魚座的人有可能終生都充滿著幻想，他們最好選擇需要幻想或想像的職業，音樂、藝術創作、電影、電視、戲劇、尤其是舞蹈。雙魚們的經濟條件常常處於不穩定狀態，有時生活很寬裕，有時候經濟拮据，這種不穩定常常為他們帶來煩惱。每當這個時候，他們總想用迴避來逃脫，雙魚座的人的財產觀念相當淡漠。他們很能適應環境，並認為利用別人的財產和把自己的財產拱手送給有求於自己的人一樣，是理所當然的事。何況海王星又在這一星座人的天宮圖中有決定性的影響。

雙魚座的人容易受到周圍環境影響的，服務精神旺盛，能體貼他人，待人溫柔有禮。因為他們本質就同水一樣具有流動性，對於外界的刺激一有敏感的反應，就會依環境轉換成正直或邪惡的個性，是屬於光明與黑暗並存於內心的人。所以，如果凡事順利，就不會表現自私的一面，可是一旦遇到挫折，就會手足失措，逃避責任。因此，能不能在社會上發達成功，全憑所在的環境及個人的因素。

血型篇

PART

打在性格上的紅色烙印！
血液，輸送的不是營養，而是性格！

也許認為流淌在你身體內的紅色液體只是輸送著營養，那你絕對還沒瞭解血型的智慧。這些 A、B、O、AB 血型因子不僅跟基因一樣，在你的性格上打下不可磨滅的印記，而且它就潛藏在你的身體裡，決定著你與眾不同的思維方式，是主宰著你思維的紅衣主教。

現在開始起航智慧之旅，我們將帶你走進一個奇妙的聖殿，告訴你血型的神祕力量，教你如何科學的運用這些知識，幫助你瞭解人性、順應人性、改造人生。

A 型

● 誰也敵不過你的「小算盤」！

性情溫和，多疑慮，怕羞，順從，喜歡依靠他人，易衝動。他們希望生活安定，注重感情和家庭生活，幼時就懂得顧及他人，人情味濃郁，尊重社會規則，富有團體歸屬感、同情心和犧牲精神，不願意「譁眾取寵」的出風頭。另一個特徵也常常在幼年期就萌現出來，就是對己對人凡事皆要求完美，是個天生的「小算盤」。這一傾向雖養成了他們認真向上，不斷進取的性格，有時卻會招來別人的埋怨，說他們是愛「雞蛋裡挑骨頭」的人。如果你是A型的人，你會發現自己似乎從幼年開始就有了一把特殊的「小算盤」，這把小算盤讓你忍不住對人對己都有種精益求精的情緒在裡面。

如果你身邊有A型的朋友，你可能被他或她的完美主義嚇壞的同時，也會對他們的深思熟慮、思考周全而欽佩不已。這就是A型的人，溫和老實的外表下潛藏著追求完美、多疑多慮。比起精打細算、謹小慎微，沒人敵得過A型人的「小算盤」！

他們總給人溫和謙遜、富有人情味的感覺，也有很多優秀的性格氣質。他們踏實誠懇，努力向上有很多優點：辦事一絲不苟，能勝任需要周密思考的工作；團體意識強，富有合作精神；尊重社會規則，具有很強的倫理感和潔身自好的意識；踏實穩重，做事謹慎，從來不做越軌的事情；具有很強的忍耐力及犧牲精神，有強烈的責任感、義務感和使命感；喜歡安定的生活，十分重視家庭生活，將美滿生活當做人生的追求；循規蹈矩，自制力強，而且能夠很融洽的與別人相處，為人體貼等。然而，說起他們最顯著的特點，便是那善於思考和測算的「小算盤」。正是這把善於思量的「小算盤」，使得他們不論在事業上還是日常生活中，總是會有高人一籌的周全和穩妥。

在奮鬥事業的時候，總是深思熟慮、精打細算，他們步步為營、考慮周全，為未來各種情況做多手準備，再加上其善於計劃、踏實穩重的性格，所以常常能規避其他人不能考慮的潛在風險，做到「防患於未然」。

因此，完美主義、精益求精的傾向形成認真向上、不斷進取的性格，所以他們往往能敏銳的把握成功的機遇，感知各種發展變化，一旦目標和方向確定，則會比其他血型的人更具有穩健的根基和發展的眼光，依靠自己的聰明才智和精益求精的個性而一步步走向成功。

A型人的「小算盤」不僅僅在事業發展上發揮著作用，對於

人生，也比其他血型的人有著更多的思考。他們對於自己的人生、未來發展，總是會時常思量，時時反省，以希望自己的人生更有價值、有意義。但是具體到某個工作或者事情上時，他們事無鉅細的「算」卻是無人能敵的。他們積極投身於生活的熱情，精益求精的品質總能鼓舞別人為目標奮進。他們絕對不會拖拖拉拉，絕對不會事到臨頭再去想辦法，未雨綢繆、精打細算，凡事富有計劃性是他們的特點，他們會分析影響事情的各種因素，預測事情發展的多種可能，讓人感受到一種積極的態度。

然而很多時候，他們的這種樂此不疲的「算」卻會使得周圍的人哭笑不得，弄得不好，還會被貼上求全責備、斤斤計較的不良標籤。他們仍會敏感的注意生活中的每一個細節以及可能出現的情況，並做好預防準備，力求完美，每件小事都要做到萬無一失。所以，當你看到一個A型的人打著小算盤「雞蛋裡挑骨頭」的時候，別驚訝，這就是他們的本性！

B 型

● 限制我自由，不如拿走我生命！

愛好自由，奔放，快活，不拘泥小節，愛熱鬧善於社交，喜動不喜靜是他們最大的特點。所以B型的人在團體中總是受歡迎和注目的對象。他們不太顧念周圍，喜歡我行我素，厭惡束縛，不在乎旁人的眼光，常可發揮出潛在能力，卻也因此給人留下處事欠慎重的印象。他們就是典型的「超然物外一族」，高唱著「自由價更高」，淡泊名利，興趣廣泛。

自由至上的B型，是天生行動派。不難發現，喜歡計劃，事無鉅細，把週末生活都規劃打點好後才能安心的是A型的人；突發奇想，馬上收拾東西打包旅行的肯定就是B型的人了。

「若為自由故，二者皆可拋。」對B型的人來說，這句話可以說是他們人生的寫照。超然的他們，自由絕對是其奉為圭臬的最高追求。B型的人愛好自由，開朗樂觀，不拘小節，愛熱鬧善於社交。他們給人第一印象多半是個性爽朗，誠懇大方，愛說話。

喜動不喜靜是他們最大的特點，在團體中總是受歡迎和注目的對象。他們對人誠懇，沒心眼，心腸軟，有同情心，非常喜歡熱鬧。B型的人自我肯定意識很強，所以常會推翻別人的意見，但往往沒有惡意。他們是行動家，全憑直覺及印象，容易不顧一切的蠻幹下去，不求結果，只在乎過程，極為重視現在，相信把握現在才能擁有將來。

自由灑脫的B型頭腦靈活，說話幽默，他們自由、無拘無束的風格常常能感染身邊的人。而且他們大都對變幻著的大千世界非常感興趣，所以對各種事物的認識和分析能力都明顯的強於其他血型的人。說起話來，常常不管對方愛聽不愛聽、想聽不想聽，只顧自己一口氣講下去。

他們話題豐富，讓其他人都忍不住參與進來，暢快的和他們一起侃侃而談。仔細觀察一下你周圍的朋友，那些被大家公認為「開心果」的人大都是B型，他們好動愛笑，幽默感強。自由的基因給了B型的人靈敏的思維，他們想問題一般都比較大膽，敢於突破常規，不拘泥於傳統和習慣。再加上對所有事物都有著孩子般的好奇心，使得他們大都性格開朗，興趣廣泛，天生善於交際；為人誠實，不會撒謊；對所有人都一視同仁，不存偏見；做事乾淨利落，判斷迅速，熱心於工作，在逆境中能夠表現出堅強的毅力等。這些都是B型人內心自由因子的神奇作用。

然而，自由隨意的性格，常常會使人覺得他們「沒心沒

肺」，這一點和A型血的人截然相反。A型的人在決定做什麼事時，先會摸清對方的情況，深思熟慮，瞭解到對方的心理意圖後，再決定採取什麼樣的策略來行動；而B型的人卻不會這樣。

也許正是出於內心對自由的追求和嚮往，他們總是能懷著一顆雄心去改變現狀，所有B型的成功人士多半具有強烈的成功動力。他們或許會因為做事超越傳統條框的羈絆，常常做出一些被別人認為「驚世駭俗」的事情來，同時也更容易給人一種好高騖遠、高談闊論、大咧咧的感覺。不過熱愛生活的他們，總是充滿著積極向上的動力，只要他們對事情有了興趣，便會專注的為之付出熱情和精力，崇尚自由就是他們的標籤。

O型

● 別跟我談什麼無聊的幻想！

　　最容易直接表現出其與現實有關的各種願望。熱愛生活、堅強好勝，平時也總是把生活目的放在首位，對利害關係和個人得失能夠迅速、冷靜的做出判斷，富有很強的現實感。他們霸道，有膽識，一旦確定目標，就能向著目標直奔，為了達到目標而堅持不懈。

　　被稱為「萬能血型」的O型是經典的現實主義，這種血型的人性格中最突出的特點就是「現實」。別跟他們談什麼無聊的幻想，因為在O型人的字典裡沒有幻想，一切從實際出發，實事求是才是他們的唯一標準。

　　O型人則最容易直接表現出其與現實有關的各種願望，他們有膽識，一旦確定的目標，就能向著目標直奔，為了達到目標而堅持不懈。

　　但是O型人都是腳踏實地的，他們不會信口吹噓，不會好高騖遠，在生活中，他們也會根據自己的實際情況，譬如素質水

準、工作能力、所處的生活環境等各方面的條件因素，綜合考慮之後，實事求是的做出選擇，制定目標，找準自己的位置，按著既定目標，腳踏實地的走向成功。

注重「實用性」的O型人總是目的明確，他們不會把目標建立在不切實際的空想之上，而是在綜合考慮了各方因素之後，確立一個可行的、有前景的目標以及實現目標的途徑。他們絕對不會打「沒有把握的仗」，沒有目標絕對不會貿然行動。而O型人的目標也很現實，「有用性」和「實用性」是他們判斷事情是否值得一做的標尺。

他們做事能夠集中注意力，面對問題冷靜果斷，拒絕教條的束縛，從不高談闊論，在做事的過程中注重實際執行的措施、辦法。他們辦事時，給對方的訊息十分明確，直接而簡單，不與對方說多餘的話，幾乎不進行感情交流。相比較其他血型來說，O型人更容易成為公眾偶像，這是由於他們身上具備由內而外發出的自信、專注的氣質。而且，樂觀、豁達、持之以恆的精神和開拓精神也在他們身上展露無遺，他們大多數人都具備成功者的獨特潛質。

O型人善於從實際出發，並且不斷的進取、奮鬥、解決問題，所以，他們常常放射出無意但相當自然的耀眼光芒。德國世界級賽車手舒馬克就是O型的一個典型代表。當他駕駛賽車以每小時310公里的速度猛然撞上前方用輪胎砌成的防撞欄之後，他

只是說：「情況可以比這更糟，但不管怎樣，人必須繼續生存。」

務實努力、不安於現狀又是O型人另一個重要特點，他們永遠在前進，總是時刻關注著生活中的現實，並根據現實的變化來更改自己的策略和行動，全身心的投入其中直到實現自己的目標。

相對於其他血型來說，O型的人更容易出實幹家、企業家等，而很少出各種理論大師。這些都是他們一切從實際出發、注重實際的結果，而也正是骨子裡深藏著的現實主義，讓眾多O型人能夠憑著腳踏實地、堅定、執著最終敲開成功的大門。

O型的人也是最追求效率的人，他們不喜歡被過多繁文縟節所牽絆，喜歡直來直往，因為這樣更加節省時間，也更加富有效率。跟他們打交道的時候，你最好是有什麼說什麼，不需要那些沒必要的客套和謙虛，否則，他們反而會認為你虛偽或者試圖推脫。

實事求是的O型人似乎從來不會茫然，他們總是那麼鎮定、客觀，他們認為，耽於幻想則意味著一無所有，「臨淵羨魚，不如退而結網」，所以記住，不要跟O型人談幻想！

AB型

● 相安無事才是最佳狀態！

認為相安無事便是最佳狀態，討厭競爭和為個人利益發生的衝突，經常處於第三者的立場上擔負協調關係的任務。他們兼具A型血和B型的人的特徵，有人因此稱其為雙重性格。他們講究社會常識，堅強自信，直覺敏銳，但有時又性情急躁，其實只是因為他們對事物的觀察較常人深入而已。

AB血型是一種血型的混合形式，也是一種全新的性格結構。相對喜好競爭和發展的O型，AB血型的他們不喜歡競爭，更討厭為了個人利益發生衝突。講究社會規則和社會常識的他們，認為相安無事便是最佳狀態。他們期盼生活上最低限度的安定與和諧，待人接物、與人交往的過程中，AB型很希望為自己塑造一個柔軟通融的形象。

AB型的男性給人很優雅的感覺，但是卻有點缺乏男子氣概；而AB型的女性卻顯得溫柔賢慧，給人恬靜淡雅的感覺。而且，AB型的人在待人接物方面出類拔萃擅長自我表現，而且喜歡和

諧安定的他們，常常不自覺的充當了協調矛盾關係的樞紐，他們開化豁達，顯得不那麼斤斤計較，因為AB型對安定、與世無爭的生活懷有渴望和嚮往。

不喜歡捲入是非的他們很懂得與人保持距離，因為懼怕受牽連，所以他們不論是對人還是對事，總是不過深入參與和介入其中。溫和可親、很會為人的他們，總是給人很明事理的印象，他們能夠正確客觀的看待問題，常常能站在「第三人」的角度上公平的說理。然而由於其待人接物總是保持著特定的距離，也容易給人「冷酷」的感覺。

AB型的人總是會給自己的人際關係網絡裡畫上各種「警戒線」，一般不喜歡人們「越界」跟自己特別親近，這樣反而會讓他們很不舒服。

與其他血型不同的是，AB型的人從來都是有意識的參加各類社會活動。在社會中，他們渴望獲得成功的機會和工作崗位，然而卻不會像O型的人一樣，對個人發展和進步懷有強大的競爭意識。

AB型的人一般只是為了得到夢寐已久的安定生活，對於權力和發展前途沒有無限的慾望。常常看到很多有才華的AB型女子，不管曾經在事業上多麼成功，當她成為家庭主婦之後，就會習慣安定的生活並且以之為樂。

爭執、吵鬧這些事情絕對不會發生在AB型身上，因為熱愛

安定和諧狀態的他們，絕對不會為了一點小事把關係鬧僵，不管對方有多麼不明事理，他們都只是一笑而過，淡然處之。

因為在他們心裡，多一事不如少一事，相安無事才是最好的狀態，與其大動干戈，還不如自己退一步海闊天空。所以 AB 型不僅不會跟人發生口角，而且常常是「和事佬」一族，他們很會站在「旁觀者」的角度來分析複雜的矛盾關係，也就更容易和解那些處於歇斯底里狀態中爭執的人們相處。

理智、客觀的考慮問題是他們一個顯著的特點，正是因為理性，所以他們絕對不會衝動行事。遇到棘手問題就「狗急跳牆」「怒氣衝天」的絕對不會是 AB 型的人。他們不管有多生氣，都會把問題理智的分析考慮一遍，「三思而後行」。

所以相對於其他血型，AB 型的忍耐力和承受能力較強，他們不會因為別人的某些不友好的舉動而莽撞回擊，因為兩敗俱傷絕對不是他們想要的結果。

在他們眼中，就算把對方擊敗讓對方難堪，自己也沒多什麼，也沒贏什麼，傷了和氣反而吃虧，還給人留下小肚雞腸的印象。

所以面對不快的場合，他們絕對會忍，而且還是淡淡的一笑，給人無懈可擊的「冷酷」之感。

PART

你們是天生搭檔，
還是宿命的對手？

俗話說，「酒逢知己千杯少，話不投機半句多。」兩個性格相投的人在一起，總會有「相見恨晚」的感覺；而有些人碰到一起卻互相看不對眼，這就是所謂的「緣分」。

其實，兩個人是否投緣，是由性格決定的，而血型掌控著決定人性格的密碼。

這一章，我們就逐個組合分析一下，各種不同血型的人在一起會摩擦出怎樣的火花。看看你／妳與她／他，是天生的搭檔，還是宿命的對手？

Ａ型和Ａ型

● 搖搖欲墜的組合！

很多Ａ型與Ａ型儘管起初關係很好，但漸漸的問題會開始多起來，最後鬧得不可開交。這跟接觸時間的長短未必有關，而是血型的性格密碼，決定了這對組合時刻「潛伏危機」，這是一對「搖搖欲墜」的同型組合。

由於性格的相同，一般來說，Ａ型和Ａ型的人初識的時候，如同一對心有靈犀，不需要語言來溝通的朋友。在開始接觸之後，他們也會很容易發現對方身上有自己所喜歡的特質，並且會在交談中發現談話投機，很容易進行下去。所以起初Ａ型同伴的關係都會比較好，而且如果人際距離處理適當，一般可以成為默契的好友。

Ａ型的人十分敏感，他們在談話的時候特別注意周圍人的反應，當兩個Ａ型的人在一起的時候，他們都是對方的最佳傾聽者，Ａ型和Ａ型大概是最能瞭解對方的組合。同樣的血型，使他們在感觸上以及對事物的反應方法上，最易產生共鳴和同感。

　　A型的人大多善於控制自己，在與人相處的時候，往往十分注重默默觀察。這種特性使A型同伴能夠相互深刻、仔細的瞭解對方。由於雙方又都崇尚團體榮譽，所以在共同的行動中，他們可以相互幫助、密切配合，很容易上升為同感之愛和同道之愛。

　　然而A型的人並不是擅長人際關係的人，特別是和陌生人交往的時候，他們一般都沒有積極主動的去拓展關係的意願。所以他們在與人交往時，都比較注意對方的情緒和反應。

　　天性謹慎、精打細算的兩個A型人碰在一起，起初可能因為想法相似而產生共鳴，但是隨著交往深入，不愉快的爭執和責難屢屢發生，很可能互相抱怨指責，但是兩人表面還是會力求禮貌。可以說，他們之間雖然容易相處愉快，但也是潛伏著危機的。A型的人屬於完美主義者，當兩個完美主義者在一起的時候，又必然會使得這一同型的組合極易發生爭論。

　　每個A型的人都有自己的辦事準則，倘若這些準則不相吻合，便會出現挫傷對方的情形，使兩人之間爭吵不斷。比如，兩人在進行學術性討論，或者是對某一事物、某一行動方針進行討論時，極易發生爭論。

　　A型的人一般比較容易掩藏自己的個人光芒，但是他們在發表個人意見時，又是最沒有妥協性、最固執的。由於兩個人性格太相似了，所以很多時候，本來只是一點小小的抱怨，兩個人碰在一起卻越演越烈。

　　這對搖搖欲墜的組合，在交往的過程中最好還是保持適當的距離，否則到最後很可能因為互相受不了對方而翻臉。兩人在一起時，應當互相尊重彼此的意見，勇於承認自己的過失和不足，適當控制自己的完美主義傾向，當出現問題時，應少一些責難和抱怨，這樣可以減少一些不愉快。

　　如果Ａ型和Ａ型不得不在一起工作的時候，應盡可能的避免爭論。有個有效的辦法提供給你們：明確的分工和合作，也就是在共同的目標下，盡可能使各人分擔的工作和任務錯開。彼此分擔的工作不同，即使一起討論也不會產生很大的分歧。實在無法避免時，最好有第三者出面調停。

A型和B型

● 一見鍾情的吸引力！

A型和B型的碰撞，周圍往往充滿著不可思議的巨大磁場。A型的精明能幹、謹慎處事的穩重性格，在B型人眼中極富吸引力；而嚮往自由、事事喜歡探索的浪漫B型在顯得相對刻板的A型人眼中，又是那麼的可愛有趣。總之，A型和B型的組合，是一見鍾情的吸引力。

在人際交往方面，A型的人往往屬於不是很善於交流和表現自己的類型，他們往往很善於察言觀色，交往過程中對別人的情緒反應關注較多，內心深沉。而生活無拘無束的B型人總是那麼熱情洋溢，善於交談的他們總是馬不停蹄的說著各種有趣的話題。他們興趣廣泛，思維猶如天馬行空，說起話來幽默生動，這讓A型人很容易被其開朗大方的言行所吸引。

不管是同性還是異性，A型對外向好動的B型第一印象都很好。而且思維有點對立的他們，往往會在其中發現特殊的美感，進而更加促進這種好感的延續。

對凡事都可以憑直覺蠻幹到底的B型「行動族」來說，A型那種處事精細，善於計劃，精益求精的完美辦事風格，無疑是值得學習和欽佩的。自由隨性的B型腦筋靈活，厭惡束縛，他們自我主義嚴重，做起事來不在乎旁人的眼光；而這一點和A型的人截然相反。A型的人在決定做什麼事時，先會摸清對方的情況，深思熟慮，瞭解到對方的心理意圖後，再決定採取什麼樣的策略來行動。

處事欠慎重、有點橫衝直撞的B型會覺得A型的穩重謹慎是成熟有智慧的表現，所以往往有種向A型學習的願望浮現腦際，欣賞崇拜之感頓生。

他們很容易在第一次見面的時候就看對眼，不管是同性還是異性的交往，第一眼的印象無疑是充滿好感的。而且這對組合發生在異性之間，常常會有一見鍾情的浪漫戀情發生，如果雙方能習慣各自的思維個性，可以有很美好的結局。

然而，A型的完美主義如果不能適當克制，總是期望太高、占有慾極強的他們會束縛B型，讓天性追求自由的B型喘不過氣來。人非聖賢，更何況是這種做事完全憑感覺的B型，他們怎麼能受得了？所以，A型對於B型的自由主義儘量持一種寬容的態度，和他們交往時不要對其行為提出過多的具體要求，如果沒有嚴重的損失，不要出口非難B型朋友，更不要輕易用激烈的言辭去責難對方，否則會使B型感到受束縛，如負重荷，進而害怕甚

至因此中斷這種往來。

　　而對Ｂ型的人來說，在與Ａ型交往的時候，表面看來總是Ｂ型占強勢，因此更應該多用真心對待對方，不要忽略對方的存在，不要光顧著自說自話，也應當學會傾聽，要常常注意對方在說什麼，不可忘記多尊重Ａ型朋友的意見。這樣的話，Ａ型才極有可能成為Ｂ型的好朋友。

　　Ａ型與Ｂ型的組合，一見鍾情的吸引力讓你們走在一起，如果能經受住時間的磨合，彼此習慣並且適度順應對方的步調，也能建立不錯的關係。

A型和O型

● 一個投手，一個捕手！

A型和O型的「血液碰撞」猶如一場默契十足的棒球比賽，一個是精準的投手，一個是優秀的捕手，這對天生的團隊夥伴，讓這場球賽愈發精采不斷、引人入勝。如果A型的你有一個O型的朋友，那麼你應該慶幸你找到了一個值得深交的對象了。如果O型的你有一個A型的團隊夥伴，你更應該慶幸了，因為你們是天生的最佳搭檔！

A型一旦成為O型的朋友，就會發現O型充滿人情味和重情義、重信用的一面。他們重信用、理智客觀、遇事冷靜、精力充沛、有實幹能力。對於容易在內心積壓不滿和鬱悶情緒的A型來說，O型的朋友絕對是個很好的傾訴對象。因為O型的人天生對於弱小者的態度十分豁達，尤其是朋友遭遇煩惱的時候。O型的朋友很體貼，不論對方說什麼，他們都會真誠的聽著，會讓對方放鬆下來，不斷說出自己的心事。A型的人最容易在頗具包容力的O型朋友身上找到心靈的共鳴。

　　A型和O型不僅是在生活中能夠找到心靈共鳴的朋友，在工作上更是優勢互補的最佳拍檔。A型的人辦事細緻縝密，而直性子的O型則不拘小節，粗枝大葉；A型辦事深思熟慮，O型辦事則雷厲風行。兩個人正好可以互補，A型的謹慎細緻正好可以彌補O型的馬虎大意；反過來，生氣勃勃的O型又以其執著專注的行動帶領顧慮重重、行動過慎的A型共同前進。

　　現實主義的O型非常富有開拓精神，敢於冒險，而且有理想、有雄心、有堅定的信念；而A型的注重策略感強、縝密的思維，無疑是O型的最佳輔佐。如果具體到工作上，這組絕佳搭檔一般都是O型上前台，A型居幕後，這樣的搭配是平穩而高效的。當O型的人在做事上急功近利時，A型的人可以為他們想好行動的策略來幫助或者糾正他們；而當A型在思想上鑽牛角尖時，注重實際的O型也會對其起控制作用。所以，一般A型與O型組合的輔助關係中，都以A型為輔助者。

　　但是A型血的人容易忽略的是：他們其實並不瞭解O型的人的真正想法。A型的人總是會把對方放在一個很好的傾聽者的位置，讓A型血的人放鬆的傾訴了內心的情緒之後，卻忽略了O型血朋友的真實感受，當O型血的人把A型血的人作為真正的好友的時候，他們會覺得A型血的人是個很談得來的人，他們也很樂意傾聽對方的煩惱。

　　但是當O型和A型的關係並未達到好友地步時，A型的人忘

乎所以的傾訴反而會讓O型的人產生自己不被尊重的感覺，這對
雙方的關係有害無益。但是一旦雙方成為很好的朋友，他們的友
誼便是牢靠的。即使發生再激烈的爭吵，也不會彼此憎恨。A型
和O型互相之間的理解支持，他們的感情和默契，從最初的血型
中就已注定。這對優秀的投手和捕手，在工作和生活中的每個細
節中，都會迸發出默契的火花。

A型和AB型

● 我們本是一家人！

A型和AB型這一種組合常見於相親相愛的夫婦和情侶，朋友以及相處得好的同伴關係也常常是這個組合。這組關係是親密無間的，實在應該叫做「家人」組合。

A型給人的印象雖有剛柔之異，但其整體形象是：持重而講信用，精明而且富有才幹。這種內在氣質形成文雅端莊的儀態，對AB型頗有吸引力。

另外，A型敢於承擔責任、踏實能幹，精明幹練，對顯得有些脆弱怕事的AB型來說，正是可以依賴並值得敬畏的人。AB型對A型懷有愛或者尊敬的情感時，就會產生輔助和親近A型的意念，在這種良好印象影響下結成的關係往往是親密無間的。

AB型在與A型初見時，很容易就給對方一個態度和藹、思緒敏捷、不偏激、喜歡微笑及專心聽人說話的好印象。

AB型通常會事事以A型為中心，幫助他們面對生活中的一切事情，可是自己卻無法努力發揮自己的學問、能力或技術，甚

至給人一種凡事依賴的感覺。這兩種血型搭配的夫婦、情侶、同伴等匹配起來，都是令大家羨慕的。

A型較為內向，處事謹慎小心，不輕易為旁人的好話所動，所以他們中很多人是難以輔助的。而理性、為人不喜惹是生非，認為相安無事是最佳生活狀態的特質是AB型最大的特點。這一點使得AB型是最能夠和A型長久相處的最佳人選，可以說，能夠輔助A型的非AB型莫屬。一個完美主義，強於精打細算；一個喜安寧，不喜歡爭執計較，A型和AB型互補的個性，實在像是早已互相磨合的一家人。

A型和AB型的人由於性格中有相似的地方，所以相比較其他血型人的緣分契合度而言，這個組合更容易由互相尊敬、彼此友好開始，形成異性相愛、同性相知的美好關係。但是，這組關係有一個缺點就是：工作關係上難以達成默契配合，不能成為合作無間的工作搭檔，而做為生活上的摯友或者戀人則更加合適。

在上下關係上，A型擔任上級是絕對的上策，因為AB型主事有過於嚴厲的缺點。如果AB型的人自身沒有滿腹才華，時間長了之後，就有可能使得A型感到十分失望，甚至不想與之再繼續交往下去。AB型原是能夠忍著不滿配合A型工作的，一旦發生不滿，A型往往會因無法理解自己的合作者而一籌莫展。

雖然說，AB型和A型可能出現一些不太默契的情況，但是

從整體上來說，他們是非常富有默契的組合。這種行動力更多的表現在一致對外或者外交關係上，此時的AB型和A型的血型組合會變得特別的意氣相投、精采連連。

所以AB型若想和A型維持長久而美好的關係，應該自信有能力，發揮自己的才華，不要只追求夢想，也要試著瞭解A型的現實性，並與之相互合作、同心協力。

B型遇到B型

● 鬆散的緊湊關係！

　　B型的人是典型的自由主義者，他們無拘無束，喜動不喜靜。試想一下，兩個完全自由自我的人交起朋友來，那將是怎樣一種狀況？鬆散而又緊湊的關係，這就是B型和B型之間的友誼！

　　自由灑脫的B型頭腦靈活，說話幽默，自由活潑。一群人中有一個B型的人就足夠讓大家又笑又鬧的了，如果兩個B型血的人碰在一起，卻很少有默契和投機，因為兩個人都是超級自我的人，在他們的世界中，很少能把什麼人或者什麼事很放在心上，所以兩個B型之間，最缺乏的就是相互之間的吸引和依戀，即使將他們湊在一起也肯定是「1＋1」的鬆散狀況，而不能成為一個整體。

　　「自由」和「自我」的個性決定了B型和B型鬆散的關係，他們不能也不會親密無間，因為他們太自我，很容易把對方「不當一回事」。尤其是初相識的，或認識不久的兩人，都常會感到

與對方不投機，某種程度上也就是沒什麼好感。當然，這並不是說他們一定就是互相對立，很多時候，B型與B型經過深入瞭解交往後，還是能很和諧的相處。

最瞭解B型自由、愛幻想的思想也莫過於同是B型的朋友了，所以兩個B型的人經過長時間的較深接觸，在思想上最易產生共鳴。

B型作家和評論家的作品最受B型讀者歡迎就是個最好的例子。而且他們都不拘小節，相處無拘無束，個性上又有共同語言，所以雙方如果深入交談起來還是很愉快的。

即便是多年不見的朋友，偶爾見面也會像過去那樣無拘無束的暢談起來，絲毫不會感覺兩人經過了很長時間的分別而有生疏感。

可是B型之間不管關係多麼親密，在行動上仍很難統一步調。B型和B型的人之間是很容易起爭執的，因為雙方都是「各行其是」的人，又都是直脾氣、個性好強，所以有時會因相互妨礙對方的行動而衝突，但他們之間也是最不記仇的，事情過去就過去了。同時他們一脫離團體組織、上下屬關係或婚姻關係的束縛，馬上就會各行其是起來。

不過他們每個人都有很強的行動能力，分配給他們去做相對獨立的工作內容，他們每個人都能完成得很出色。經過一段時間的磨合和習慣之後，他們在精神上或知識方面是可以成為很好的

團隊夥伴。

　　B型的男性則是這一群人中實踐自由的最好詮釋，這使得都是B型男性們能相處在一起的可能性很小。可以認為B型男性之間，幾乎不存在朋友或者合作夥伴關係。但是危急時刻，他們卻能展現出超強的合作精神。但只要渡過困難，他們馬上就會恢復到原來的狀態。

B型遇到O型

● 最熱烈的戀情！

　　自由浪漫的B型遭遇現實主義的O型，個性互補的他們結合得如同一個美妙的圓。O型的人以自己踏實可靠的思考能力、決策能力和行動能力，始終積極的鞭策鼓勵著自由散漫的B型，幫對方指明前進的方向。而B型那靈活的頭腦可以緩衝O型有點故步自封的思想方法。這對優勢互補的搭檔，如同美妙動聽的音符和節奏那樣契合，奏出完美動人的旋律。

　　他們各自的特質也正是對方所欣賞的：B型顯然感到O型那富有現實精神的踏實作風是可靠的；而O型愛好具有個性的事物，所以B型的不羈言行對他們也有一定的魅力。他們互相發揮著對方的不足之處，是最契合的組合。

　　在思想和能力方面，B型靈活創意的頭腦可以彌補O型的缺乏創新的思維；穩重踏實，善於處理人際關係的O型則可彌補不拘形式與習慣、大咧咧B型的不足。如果雙方是夫妻，那一定是「夫唱婦隨」的一對。不管怎樣，B型和O型在一起的結果都不會太壞，如果異性的B型和O型發生碰撞，到底會是什麼樣的呢？

　　當B型男性遇到O型女性的時候，可能不會有什麼「一見鍾

情」之類的事情發生，但是隨著交往的深入，日久生情的戀情可能演變為令人羨慕的轟轟烈烈。他們互相之間的第一印象好像不怎麼好：O型女性覺得B型男性很古怪，B型男性則覺得O型女性太幹練。確定愛情的關係需要一定的時間，但是兩種人之間思考方式和行為方式都有很多共同點，所以很有希望成為讓人羨慕的情侶。

那麼當B型女性遇到O型男性的時候，擁有快速行動力和堅強意志的O型男性與積極主動的B型女性形成的則可謂是「膠水組合」！他們日夜廝守，離開一天也會受不了。只要開始交往，他們的日子每天都會是玫瑰色。一般都是善於理解對方的O型男性以稱讚的方式一步一步引領B型女性走向成功。

雖然意見不同、經常吵架，但是他們卻越吵越分不開，而且日子反倒過得更加甜蜜溫馨。如果看到B型女和O型男這對情侶吵架，別擔心，不用幾天，他們準又「黏」在一塊難捨難分了！

在B型和O型的交往中，要切記的一點就是「度」的問題，如果O型把韁繩勒得過緊，讓B型的人有被束縛之感，會進而產生排斥心理，特別是當B型的人認為O型的生活現實而毫無趣味與激情可言的時候，或者是O型看透了B型現實中太缺乏追求時，兩個人的相處就會變得索然無味，最終導致分離。

另外，當B型和O型交往的時候，溝通往往是最重要的，無論是在同性間或是異性間，別把想法藏在心裡，適時的溝通，會將B型和O型的友誼或是愛情引向更加美好的境況。

B型遇到AB型

● 神祕的吸引力！

　　B型遇到AB型的時候，雙方往往會被一股神祕的吸引力拉在一起，這也許是血型投緣的關係吧。B型和AB型的緣分總是那麼奇妙，他們互相欣賞，很容易達成步調一致，成為形影不離的朋友。合作愉快的工作夥伴、令人羨慕的戀人常見於這個組合。

　　當B型女性遇到AB型男性的時候，雙方一開始就會對對方產生好感，是很容易就開始交往的一對。無論遇到什麼事情，AB型男性都能做冷靜的分析，這可以大大彌補B型女性的不足，尤其當B型的女性處於一種茫然無助的境地時，更容易對冷靜的AB型的男性產生一種近似崇拜和依賴的感覺。

　　B型女性活潑好動的性格也會吸引AB型的男人，讓其被這種浪漫可愛深深打動。不過B型女性可能因為很在乎對方在想什麼，對方卻不善表達，而對AB型男性的內向表示不滿。如果B型的你試著再寬容一點，那麼AB型的木訥可能會顯得相當可愛

哦！

當B型男性遇到AB型女性的時候，有著玄妙的緣分牽動著兩顆試圖相互靠近的心。由於兩種人都擅長人際關係，所以只要把心扉敞開，他們就很容易相處。B型男性的行動力和誠實的一面能吸引AB型女性，AB型女性合理的思考方式和細心而又富有激情的性格也強烈的吸引著B型男性的注意力。

但是AB型女性也可能會對B型男性馬馬虎虎的性格失望，這種時候AB型女性最好像姐姐一樣勸說。B型男性生氣的時候也不要太強硬，要軟硬兼施，該妥協的時候就妥協。而且B型的男性如果適度收斂一下自己自由散漫的風格，就能夠得到AB型女性更多的愛。總之，而如果雙方能更多考慮對方的感受，放低姿態去為對方做些什麼，就能維持更長久的關係。

同性的B型和AB型相遇，也能成為相互欣賞學習的好朋友。當B型男性遇到AB型男性的時候，毋庸置疑，這將是一對很有趣的夥伴。B型男性具有想像力和幽默感，善於製造氣氛。而AB型的男性沉穩踏實、富有分析能力，AB型男性對B型男性的機靈和散漫能夠寬容。他們能忍受B型男對他們大咧咧開著玩笑，就算B型說出什麼讓人無語的話，他們也不會跟其計較。

然而當B型女性遇到AB型女性的時候，可能並不像B型男性遇到AB型男性那樣一拍即合，但是總能維持很穩定的關係。B型在與AB型相處過程中，感到AB型能理解自己，但是與自

己有不同之處，覺得對方很有意思，相處起來十分舒暢，是值得信賴的朋友。AB型總是從理性考慮問題，他們會悲觀的說：「我的想法說了也沒用。」與此相反，B型的人不拘泥於形式的靈動思想，能耐心的傾聽並接受在AB型看起來有點偏執的想法。這對AB型來說，是理性上的大解放。

　　這個組合在友誼和工作等方面是無可挑剔的，但是在辦理對外事務的能力方面似乎弱一些。另外，正因為是彼此毫無隔閡的朋友，所以相處時間長了就會感到單調乏味，而希望尋求新的刺激。

O型和O型

● 永不中斷的同志式友情！

　　兩個O型的人在一起時，因為思想上有共通之處，所以極容易產生共鳴。生活方式一致，思想上有共鳴，共同的目標和命運，或者面臨共同的敵人，會使他們建立起深厚的同志式友情。這種友情，若萌發於孩提時代，或者建立於諸如戰場等極端狀態下，那將是永不中斷的。　現實主義的O型非常富有開拓精神，敢於冒險，而且有理想、有雄心、有堅定的信念。O型對弱小者表現得豁達大度，而對大大強於自己的人則會出人意料的無條件服從，可是遇上勢均力敵者時卻又會想著一爭高下。

　　O型個性雖強，但並非難與人相處，反而是廣交善結，朋友很多。他們愛恨分明，如果認定對方是敵人的話，其反應也是非常強烈的。兩個O型如果成了朋友，會覺得找到了志趣相投的知己，因為彼此思想性格的相似，更容易形成長久的往來關係。

　　O型的人追求效率、性情直爽，他們不喜歡被過多繁文縟節所牽絆，更喜歡直來直去，因為這樣更加節省時間，也更加富有

效率。O型跟O型打交道的時候，雙方都是爽快人，有什麼說什麼，省去了沒必要的客套和謙虛，兩種人一起交往顯得更加舒暢自在。

基本上來說，O型的人是非常好相處的，因為氣質傾向的類似，O型和O型交往，很容易惺惺相惜，互相理解。他們志趣相同，都是務實精幹的人，對事物的看法和認識基本上能夠達成一致。他們都是重情義、善良的人，而且忠實守信，個性雖強，有點爭強好勝，但是豁達開朗，對朋友真誠、講信用。

同是O型的戀人在一起的時候，你會發現他們的表情和說話風格非常相似，他們有著共同的目標，能夠堅定、執著的為未來的生活一起努力。同為O型的夫妻，即使結婚多年，通常也會形影不離、非常親暱，而且有著共同現實可得的生活目標。務實積極的O型一般都不會讓生活品質「居低不上」，他們金錢觀念靈活，善於周轉資金、創造財富，所以O型人的家庭總能靠著自己的努力實現舒適富裕的生活。他們都浪漫富有詩意，但又講究實際，是切實的「同志式」愛情和婚姻。

同一血型的人既容易成為好朋友，也容易成為敵人。因為性格的類似，他們很容易彼此理解，而也正是因此，他們又會相互排斥，一旦有了衝突，便可能形成競爭關係。雖然O型和O型之間是同志式的友情和愛情，但是他們未必在每時每刻都能保持步調一致。O型對能力差異看得很重，而且十分敏感。由於他們既

能受命於人，又善於上司別人，所以無論是當頭頭、上司，還是當下屬、隨從都是盡如人意的。這種能密切配合、呼吸與共的Ｏ型上下級關係在我們的周圍並不少見。

不過，如果雙方的能力趨於接近，那麼他們的合作關係便會漸漸被競爭關係所取代。所以，Ｏ型和Ｏ型之間的關係如果想要更加牢固，那麼，防止雙方的關係由合作變成競爭是非常必要的。一般說來，Ｏ型組合的年齡差距稍大些較好。

O型和AB型

● 火藥桶上的舞蹈!

O型和AB型在建立起親密的關係前,相互的印象恐怕是最令人滿意的。O型對AB型的欣賞,常常伴有「粉飾美化」對方的現象,在直性子的O型眼裡,AB型的溫和沉靜、與世無爭是完美無缺的。而AB型則對務實能幹、頭腦聰明、有能力的O型幾乎達到完全依賴的地步。正是這種建立在「粉飾」和「依賴」的被加工關係,讓O型和AB型的友誼或者愛情如同火藥桶上的舞蹈,看似美好動人,卻時刻潛藏著爆炸的危機。

AB型的人思路敏捷,長於對應,善於多面理解,是聰明才智的表現;正義感強,處事公平,不貪慾,樂做福利服務工作。這些在務實肯做,總是在現實世界裡為目標奮進拚搏的O型人眼中,無疑都是善解人意、品格高尚的表現。

然而AB型是具有兩面性格的人,在AB型的兩面性中,O型只看到溫和沉靜方面,忽略了另一面,就認為對方是一個有修養的人,是具備自己不具備的「優雅沉靜」的完美之人。而AB

型對 O 型的幹練、踏實、穩重往往帶有個人的崇敬和愛慕之情，並且在實際生活中 O 型的諸多照顧，更讓其產生依賴的心理。

在人際交往中，O 型的表現常常是比較直接和坦白的，要他們學會拐彎抹角實在是太難和太痛苦了。同樣的，他們也喜歡別人坦率的和他們交流，對於神經比較粗枝大葉的 O 型來說，理解暗示還是比較困難的。

AB 型的人則習慣用迂迴婉轉的方式來表達，而不是想到什麼說什麼。其優點是容易與周圍的人相協調，保持融洽的氣氛，缺點是人云亦云，有時會顯得沒有原則。一個直接帥氣，一個婉轉動聽，所以很自然的，雙方一開始溝通起來會覺得新鮮而又有趣，而且印象大都不會太差。希望的種子播得越多，失望的陰霾可能潛伏得越深。友好相處的 O 型和 AB 型處於對雙方的完美幻想和「粉飾」之中，然而現實很可能並不是這樣的。

隨著雙方的交往和認識不斷加深，雙方心目中的美好形象就會消失，與世無爭成了貪生怕死，務實能幹也成了唯利是圖，最後好似被潑了一盆冷水一樣大失所望。然後互相埋怨，弄得不好還會引起尖銳的衝突，最後導致分道揚鑣或者關係解體。不過不用擔心，這對組合舞步很有默契，就算是在火藥桶上跳舞，只要沒有「火」，還是很安全愉快的組合。

在興趣方面，O 型有獨特的愛好，AB 型的趣味是多樣化的，相輔相成之下，兩人就可能成為興趣廣泛的朋友。心胸豁達的 O

型毫不計較AB型性格中忽冷忽熱的一面，而社會經驗豐富的AB型很善於投O型所好，相處中應付自如。所以，O型的朋友如果想要和AB型完成這場精美絕倫的舞蹈，不想點燃火藥，就必須避免過度的誇張和讚美。其實兩者可以是很和諧很愉快的朋友或者戀人，尤其是AB型淡泊的心態可以緩衝O型衝向物質追求的狂野步伐。

而AB型如果想要更加瞭解和親近自己的O型好友或者戀人，也要學著獨立和取長補短，試著用自己的溫和來寬容雙方之間發生的小摩擦。

AB型和AB型

● 你們總是經不起外部攻擊！

相同血型的人在一起，由於氣質性格特徵的類似，很容易相互理解，也正是由於對彼此思想熟悉，也更容易發生爭執和衝突。

AB型之間的組合，在外部環境一帆風順的穩定情況下，相處起來還算比較穩定的。所以你會發現這個組合多見於各種機構，但是能自然長久維持關係的AB型組合還是不多見的。因為他們總是經不起外部的攻擊，總是在外部環境的攻擊下出現裂縫和衝突而拆伙。

不管怎麼說，由於具有相同的血型，AB型還是能夠形成相互理解、相互信任的關係。如果在工作上不得已需要兩個AB型來搭檔，那麼把兩個人氣質以外的因素，如出身、職業、負責的業務、地位及年齡等拉開差距不失為一個好的辦法，這樣絕對能保證高效率的完成工作。

AB型的同伴在工作上能建立起極好的上下級關係。他們之

間訊息暢通、配合默契，甚至在長時間不對話的情況下，也能確信對方在考慮同一個問題，他們之間的關係堪稱富有理智和充滿信任的關係。

經過調查研究，有一個令人感興趣的事實：如果這種搭檔只限於商業、企業場合時，他們則表現得像個智囊團那樣，具有理性上的高效率。但是由於天生氣質相似，AB型的人相互之間缺乏人類本能原始的吸引力，所以很難有「相見恨晚」般一見投緣的事情發生。

AB型本身就是喜歡與人保持一定距離的性格，AB型之間的相處，他們在生活中一般是普通朋友，而且基本上沒有什麼深入的溝通交流，很難形成融洽密切的關係。但是AB型的人多半善於處理人際關係，所以基本的禮貌和禮節，他們能處理得十分漂亮。然而在遭遇外界多種不確定因素的攻擊時，AB型之間的友誼會顯得十分脆弱。

在生活中，這種組合也很難融洽，特別是在男女交往上，顯得彆扭且了無生氣。AB型對同為AB型的他（她）十分瞭解，就是雙方默不作聲，也可能猜到對方將要說什麼或者做什麼。而且都是相安無事的個性，生活顯得缺乏浪漫感和生機。所以AB型女性不會考慮跟AB型男性深入交往，有時候甚至有厭惡對方的傾向。

即使是普通朋友，這種組合也不團結，甚至會向對方發出

「請勿干涉我！」的警告。雖然雙方私下都沒有很親密的關係，甚至彼此不屑。但是，理性的AB型仍然會在工作中盡力的給自己和對方都留有充分的發揮空間，以達到效率最優化。也就是說，不管兩個人在工作和學習方面配合得多麼有效率，在生活上，他們對彼此都是毫無瞭解、毫無興趣和毫無吸引力的。

所以兩個AB型血的人交往時，請記住一個原則：即使感情再好，也要保持安全距離。如果發現了對方的缺點和不足，即便不能接受其缺點，也要有寬容、大量、樂觀的態度。做到這一點，雙方就可以算是知心的朋友了。

另外，如果在工作中兩個AB型的人搭檔的時候想要有默契的合作，相互之間最好有明確的上下級關係，彼此有清楚的責任分工，那麼雙方在理性方面的探求不但會有傑出的表現，彼此之間也能維持長久的良好關係。

PART

血型中暗藏的職場玄機！
不依血型從業，終生碌碌無為！

不要小看這些流淌在你體內的液體，因為你的血型不僅主宰著你的思維和性格，更是暗藏著擇業的職場玄機。

試著拿出血型這本神祕教義來剖析你自己，瞭解你身邊的人，進而實現自己在人際、事業各個領域的目標。依據血型從業，瞭解血型的職場奧祕，從此你將不再盲目，而在職場中如魚得水。

不同血型人的擇業黃金法則！

　　我們已經知道，血型是主宰著人思維的紅衣主教，這些A、B、O、AB血型因子流淌在你的體內，決定著你的思維方式，成為塑造你性格的原材料。不同血型的人，會有不同的與生俱來的個性氣質，而這種氣質通常在後天難以改變和重塑。

　　血型雖然不決定一個人的事業成就高低優劣，但是卻影響著人們事業的發展方向。也就是說，不同血型的人有著不同的擇業法則，瞭解屬於你自己的黃金法則，看看你適合走哪條從業之路？

　　☆**A型**

　　A型的人團體意識強、尊重規則守紀律、細心謹慎、思考周全，善於在一個固定單位有組織的行動，一般大器晚成者較多。辦事細心、管理負責，工作踏實，在處理事務、革新和應用方面有真才實學。

　　A型適合從事高科技、經濟規劃、作家、歌星、戲劇和短劇演員、摔角及長、短跑運動等。處事謹慎、精於算計的A型也適

合在會計、財務管理方面發展。不過，A型不宜於駕駛和頻繁的接觸人、處理問題的工作，如記者、外交官、推銷行業、保險業等。

☆B型

B型的人自由樂觀，思路敏捷而開闊，具有經常不斷革新現狀的前進性動力，很容易接受新事物。多才且興趣廣泛的他們一般都有一心多用的天性，這個特性運用得當的話，他們無疑是培養多種知識交叉互動的綜合互動型人才最佳人選。

B型的人可以跨多學科、多領域工作，可以在企業甚至於人類歷史上建立新觀點、新理論、新設計和新科學。他們從事創造發明、創意事業、文學寫作會十分得心應手。同時應當避免一成不變的工作環境，如公務員、會計等，這會抑制他們的自由發揮。而選擇藝術家、作家、醫生、發明家、節目主持人、科學家、律師、都是很適合他們的職業，作詞家、天文學家也極適合他們。

☆O型

務實能幹的O型的人行動力強，個性獨立，目標性強，經營企業、經商、政治、外交能力都很強，善於組織並把自己放於該組織的核心地位。

O型年輕時易更換職業，有經驗後善於專攻某一方面。有權

力意識的 O 型適宜於政治、外交等行業，經營管理、駕駛、作家、歌星、演員、跳躍項目和棒球運動等也是很適合他們的職業。O 型大都很有同志式的博愛，強烈的集體意識使得他們很適合在組織集團中擔任上司和帶頭人。

☆AB 型

AB 型的人極有理性，沉著穩重，有優秀的分析力和洞察力，是很有服務精神的職業多面手。凡事他們都保持冷靜和公平的處理態度，他們天生就是一個世界主義者，敏銳正直、富有衝勁的 AB 型很容易成為企業家，如微軟總裁比爾‧蓋茲就是 AB 型。

AB 型理性客觀的分析力很適合讓他們在一個團隊擔任參謀型職務，發揮運籌帷幄的專長。同時 AB 型應試著培養長遠眼光，可以考慮創業，而且事實上很多靠自己奮鬥成功的老闆和創業家都是 AB 型血。太富有社交手腕的工作不適合 AB 型，而他們從事學術研究、政治、幕僚、心理學家、服務業等方面的工作都是很不錯的決定，經濟規劃、統計、設計、商業推銷等工作也可以考慮。

假如你的老闆是 A/B/O/AB 型？

　　瞭解不同血型的老闆或者上司具有何種特性，知己知彼，方能人際暢通。掌握血型「職場教義」，看看如何才能與不同血型的上司和老闆打好關係，贏得事業順利發展。

☆老闆是 A 型

　　假如你的老闆是 A 型，你就要注意行為態度和禮貌節制了。

　　A 型的特點就是有旺盛的服務精神，與人交往也不希望引起什麼風波，對待部下也是親切和藹的態度，甚至沒有什麼特別的事情也會毫不吝惜大加讚美。但是 A 型的人討厭行為流於草率馬虎、不實在的人，也對那些不遵守紀律和道德的人嗤之以鼻，此外他們對第一印象也是記憶很深。所以，和 A 型老闆打交道，主要就是要用踏實的工作態度打動他們，切忌大言不慚，自吹自擂，或是做拍馬屁之類的小動作。否則會引起他們的疑慮，只能收到相反效果。

☆老闆是 B 型

B型的上司者所信賴的是那些能夠理解他們的想法和話語，並且給予贊同的人，這一點必須特別注意。當B型的老闆在發表個人觀點，或者在他們無所不談的時候，那些不僅注意傾聽，而且不時給予頗有同感的應答，甚至做出非常佩服姿態的人是B型上司所信賴的人。

總之，順從他們、捧他們的人，才有機會被他們信任和重用。而且作為B型上司的下屬，努力提高業績，並且積極籌備工作計劃，懂得從B型上司下達的大方向、總戰略中領悟自己要做的事情，也是B型上司所欣賞的聰明人才。如果一開始，你就問一些細枝末節的事情，反而會讓B型的老闆認為你是無能之輩。另外，注意不要讓問題積累成堆，導致積重難返，應當學會定期匯報和請示才能免遭責難。

☆老闆是O型

O型上司常常會不斷表現出「大老闆」的威勢，然而他們並不是恣意賣弄，只是想在一個非常開放的氣氛中讓下屬在實踐中體會到老闆的權威。O型上司很瞭解團體力量的重要性，因此他們會認真組織部下，並且很重視自己和部下的人際關係。O型老闆一旦信任自己的下屬，便會放手讓部下全心全意的工作，採納下面的意見。所以，假如你的老闆是O型，就要讓他信任你，超越普通的上司和下屬的關係。

如果你能和O型上司共同體驗過幾件事，比如一起去喝酒，

隨他們去出差，在興趣方面和他們變成志同道合的朋友等，然後再趁著O型的人有「愛說教」的癖好，沒事向老闆虛心請教，扮成「晚輩」的謙遜好學。這樣一來，他們對你的信任就會飛躍般與日俱增。

☆老闆是 AB 型

如果你的老闆是AB型，得注意在跟他們打交道的時候要表現得爽快乾脆。AB型的主管討厭扭扭捏捏、曖昧不明的關係。

同樣，在聽工作匯報的時候，害羞和不自然的神情容易讓他們聯想到無能軟弱之類的不良印象。對於AB型上司的開玩笑或者冷嘲熱諷，你也要學著適應，因為他們喜歡那些能夠在愉快輕鬆的環境下工作的部下，而對那些太死板、不苟言笑的人並不是很喜歡。

儘管AB型的老闆讓你感到親切，但是你最好不要以為你和他們已經熟絡了，因為AB型的人重視「現在的和諧」，而對於過去的交往好壞、深淺並不是很在意。在做事方面，如果你能在工作中「主動請戰」，說：「這事由我來負責辦好！」他們一定會覺得你是懂得分擔上司責任的好部下，而愈加欣賞和信任你。

如何讓A/B/O/AB型下屬對你服服貼貼？

　　血型主宰著人的思維習慣和性格傾向，如果一個身居上司管理職位的人，能熟悉並運用各種血型的特性，那麼他對部下的指揮調派將發揮巨大作用！因此瞭解不同血型部下的特性，讓你的下屬對你「服服貼貼」！

☆員工是A型

　　A型具有強烈的社會意識，是天生的完美主義者，所以A型的部下看問題往往傾向於缺陷和不足的地方，因此也容易喪失信心。然而A型的員工總期望自己的存在價值被社會、公司、家庭等團體承認和肯定，所以往往也贏得一本正經、努力工作的美譽。所以，對待你的A型屬下，要充分體諒，充分肯定他們的工作業績，因為不信任容易讓他們自卑消極，變成陽奉陰違的人。最好是讓他們感到自己很重要，用褒獎和讚美增強他們的自信心。對待他們的錯誤，批評要真實準確，照顧情面，不要撕破臉，讓他們私底下反省。記住，A型是吃軟不吃硬的。

　　指派A型員工工作的時候，可以給他們指派細密而瑣碎需要

耐心才能完成的工作。同時，做事實實在在的Ａ型，需要你把工作中很細節的部分也交代清楚，因為擅長「團隊作戰」的Ａ型不適合「單打獨鬥」。

☆員工是Ｂ型

如何把這些不受羈絆、嚮往自由的Ｂ型部下運用得很有效率呢？首先，是讓Ｂ型的部下對他們所從事的工作感到有興趣。如果Ｂ型一旦對工作喪失了興趣，他們那怠工情緒就暴露無遺，也因此變成難以管理的人。Ｂ型的人天生樂觀，對於斥責並不耿耿於懷，所以如果他們有過錯，作為上司你也不必遷就。同時，要讓他們瞭解工作的困難和可能面對的困難，增進他們對工作的興趣和提高自己的動力。

幫Ｂ型指派工作的時候，最好給他們描述大概輪廓就行了，切忌把工作規定得太死，限制了Ｂ型員工的想像力。當然也不能放任自流，必要的監督和持續的鼓勵也是很重要的。

☆員工是Ｏ型

Ｏ型的人是對生活和工作有著強烈使命感的人，為達到目的通常有著強烈的自我主張意識。如何把Ｏ型的員工運用得恰到好處又有效率呢？首先，要靈活運用Ｏ型對目的地追求感。應當把企業目標及在整個公司中的價值，很清楚的擺在他們面前，對他們的工作要多加鞭策和鼓勵，將可讓他們有一番大作為。

其次，也要充分培養和引導O型員工強烈的競爭意識。在工作上要時刻指出他們所面臨的對手，並傾聽他們對自己對手的實力強弱分析和自己所採取的對策，忌諱謾罵，否則會傷了O型部下的積極性。O型是很有同伴意識的，所以對他們不可靠權威壓服，更不能當眾讓O型的部下丟臉出醜，即使有大的過錯，也要動之以情、曉之以理，表達你對他們的期待。這樣O型部下會永遠記住教訓，並以極大的熱情去將功補過。

☆員工是AB型

AB型的人是很崇尚「合理性」的類型，作為下屬是那種一點就通，一通就精頭腦靈活的人。對待AB型的下屬，首先必須把他們的工作職責和權限劃分清楚，而且跟AB型員工交代工作時一定要不卑不亢，平心靜氣，才能博得好感。因為AB型的人一旦進入某一企業集團，他們所求的是發揮特長而有所作為。而且，對他們來說，什麼工作都是適宜的，而且都能圓滿處理。

分派AB型員工做人際關係的處理，或者對各種不同意見的整理、調節和歸納工作，更能發揮他們的能力。還有批評的時候要實事求是，就事論事，決不可旁推，如果做到這一點，再嚴厲的批評，理性的AB型員工也能承受。

處理好辦公室裡和諧自然的人際關係！

　　一個人若能瞭解，因為人的血型各不相同，所表現的氣質也是有所不同的，明白其實自己的言行舉止也有些欠缺，就會懷有某種程度的寬恕，維持良好的人際往來關係。躋身職場，要怎樣玩轉辦公室政治，照顧好每個血型的同事，進而贏得人際和諧呢？

☆同事是 A 型

　　A 型的人希望有個風平浪靜的人際關係，因此言行舉止都儘量不刺激別人。初次見面，他們表面上禮數周到，甚至會為你服務，但是要想跟他們推心置腹的交談，那就需要很長一段時間了。

　　記著，A 型同事雖然親切又樂於幫助你，但是內心卻會築起堅固的牆，他們言行和真心並不是一致的。A 型注重對方的身分，所以他們對人的態度也一般是因人而異的。

　　重視原則和形式的 A 型很容易因為別人的缺點而否定對方的價值，甚至認為對方是不能被信任的。當你和 A 型同事熟悉以

後，你就會看到他們那挑剔計較，愛責備人的個性，但是記住不要跟他們爭執或者吵架，因為 A 型的憤怒和怨恨會持續很長時間。

☆同事是 B 型

簡單來說，B 型的人不拘小節，不受羈絆的個性容易出現缺乏關心他人的態度，而且 B 型人對自己的想法很固執，總是被認為是那種很執拗或者具有反抗性格的人。雖然他們給人的第一印象並不是太好，但是只要你真誠的跟他們聊上幾句，他們就會敞開胸懷接受你。一旦熟識以後，不管對方身分地位，他們都能不分彼此的跟別人一直交往下去。

和 A 型不同的是，B 型的人不會用世俗的眼光對待他人，不管對方是上司還是部下，他們都一視同仁。不過如果你在他們面前自以為特別，自高自大，就會造成他們的反感。簡單說，只要跟 B 型的人談話聊天，他們就會接受你。然而不要輕易嘗試他們的固執，要等待他們自己改變看法。

☆同事是 O 型

O 型的人經常有需求同伴的意識，並且喜歡彼此能互相信賴。對於關係要好的同事和他們有交往關係的人，他們總能用長者的風度給予別人照顧，而且能敞開胸懷與人推心置腹的交談。

然而，對於他們不瞭解或陌生的人，O 型的人卻有很大的戒

心。但只要消除他們對陌生人的戒心，就能跟你敞開心扉。而「破冰」的最佳辦法，就是請一個認識O型朋友的人引見或者介紹。

可以試著跟O型的人關係要好的同事處好關係，O型的他（她）也會不知不覺的接受你這個朋友。同時和O型同事相處，要學著忍受他們說教的腔調，其實這只是O型的人的天性使然，並不是裝的比你厲害，倚老賣老的人。

☆同事是AB型

AB型的人擁有兩面性，在職場團體中既有團體一面，又有個人主義的一面。AB型同事是很有彈性的人，他們圓滑周到，善於適應環境與人相處。但是在私底下，他們很重視興趣，自在式的對人態度，使得AB型只喜歡與談話投機、有同樣興趣和嗜好的同事交往。他們的個性就是不喜歡因為公事而占用私人的空間，所以如果你和AB型同事只想局限於工作關係上的往來，那就再簡單不過了。

總之，與AB型的人相處，最重要的就是坦誠相待，不要做作和欺騙。

面對 A/B/O/AB 顧客,你該怎麼做?

　　市場營銷其實是銷售員的自我推銷,面對不同血型的顧客,如何推銷出你的產品是很重要的。如果你懂得根據顧客的血型個性來轉換策略、巧妙應對,就能獲得更好的銷售業績,也可能因此得到長久的顧主關係!

☆顧客是 A 型

　　那些斤斤計較、雞蛋裡挑骨頭的顧客一般都是 A 型血客戶,他們總是嫌這嫌那,這也不行那也不好,對待挑剔的完美主義 A 型顧客,你就要有耐心和他們一同尋找他們心中的適合商品。不要不耐煩,因為 A 型的顧客不是來找碴的,只是他們真的覺得這件商品有無法忍受的缺點和不足。那麼你就得聰明一點,儘量說好話,把要推銷的東西說得盡善盡美,讓 A 型顧客能夠接受。而且,要注意態度和神情,別以為你的不耐煩能逃過敏感的 A 型人眼睛,他們一旦察覺到自己沒受到尊重,就算想買,也會在你以為大功告成的最後關頭選擇離開。

☆顧客是 B 型

B型客戶最大的特點是，完全憑感情衝動決定一件事，沒有什麼樣規律可循，你只需正確的向他們說明某商品有什麼優秀性能，讓他們覺得這個東西可以與眾不同，表示他們的眼光超人一等即可。對B型客戶動之以情，是說服B型客戶的不二法門，但是有一點千萬別忽略了，那就是「售後服務」。談話過程中，B型客戶往往顧左右而言他，讓人搞不清楚他們是想買還是不買。這時候你千萬不要生氣，仍要客客氣氣的感激他們，以便為自己留下後路，因為你仍有很多機會可以說服B型客戶，不要太早對事情感到灰心喪氣。

☆顧客是O型

O型顧客是注重「實用性」的客戶，所以不要試圖給O型的客戶推薦那些對他們沒有實用價值的商品，這樣只會加速他們離開的步伐。一件對O型顧客有價值有用處的商品，比你費盡唇舌的推銷更有說服力。

O型的顧客很有判斷力，也不會是那種輕易買一些自己不需要的東西的人，所以如果你想從他們那裡賺取外快，我勸你還是省了這份心。跟O型顧客打交道，最好省去那些誇張的推銷和廣告直接進入話題，告訴他們這件商品的功效、作用、便利性，讓O型顧客自己去判斷，在瞭解他們需求的基礎上推薦實用性強的物品，這筆交易會順利成交。

☆顧客是 AB 型

話少而態度不親切，是 AB 型客戶給人的印象。但是 AB 型客戶並不是一個難以開發的客戶，如果你懂得以自由的方式和溫暖親切的舉動傳達內心的意思，讓 AB 型顧客信任你，就能激起 AB 型客戶的購買慾。因為 AB 型的人總是面惡心善，外表看起來很冷酷，其實內心很善良。但是這需要推銷員所開啟的話題能引起 AB 型興趣的前提，否則很難打動他們的心。在交談的過程中，有一點要特別注意，那就是如果 AB 型客戶一直保持沉默，並不意味著是壞的結果，也許是你的說服已經有了作用。此時，你最好靜靜等待 AB 型客戶對你提出疑問，並以誠懇的態度回答。

有一點絕對要避免，就是談及私事，這是取得 AB 型客戶信任的第一要素，千萬不可忘記。

生肖篇

PART

人際若暢通，則成功無阻！
與不同生肖的相處獨門祕訣！

良好的人際關係是一個人獲得事業成功的重要保障。建立一個
良好的人際關係網，學會和不同性格、不同個性的人打交道，
你就等於在這競爭激烈又靠「關係」吃飯的社會上成功了一半。
不同的生肖有不同的獨特屬性，與不同生肖的人相處勢必需要
注意不同問題，運用不同的交往藝術。本章告訴你，如何與你
身邊的十二生肖人相處，修煉與不同生肖的人共處的獨門祕訣，
讓你擁有暢通和諧的人際關係！

討好老鼠，你得先學會聽！

老鼠總是給人一種機警、靈敏的感覺。所以受這種動物屬性的影響，大多頭腦聰穎靈活，具有超強的洞察能力。他們記憶力很好，非常喜歡思考問題、獨具慧眼，具備隨機應變和臨危不懼的優秀品質。

如果你在他們面前說個不停，別以為你的口若懸河會引起他們的好感，因為洞察力超強的他們說不定就把你的弱點、缺點看得清清楚楚。甚至一不小心，還會引起他們的反感。

機敏聰明的肖鼠者，總是顯得那麼精明能幹，要想跟這些機靈的「老鼠們」好好相處，你得先學會傾聽。上帝之所以給人兩個耳朵一個嘴巴，就是教人們少說多聽。在人際交往中，學會傾聽不僅是對別人的尊重，更能顯示出你的修養和涵養。最善於與人溝通的高手，是那些善於傾聽的人。

生活中，有魅力的人一定是個傾聽者，而不是滔滔不絕，喋喋不休的人。這一點，當你跟他們在交往過程中就顯得更為重要。也許在交談過程中，你和他們並沒有說上幾句話，但是你得

在傾聽「老鼠們」的話以後做出回應。你恰如其分的言辭會引起他們的好感，他們認為你尊重他們。而他們在得到重視的同時，也會逐漸喜歡和你交談。

老鼠的觀察力和隨機應變的能力是很突出的，他們總能在不經意之間就把你的言行舉止觀察得清清楚楚，他們會從你的談話內容和神態中瞭解你的心理，然後對你這個人做出判斷。

老鼠雖然反應很快，頭腦靈活，說起話來比較快，但是他們卻對那些妙語如珠、說個不停的人沒什麼好感。因為天生洞察力極強的他們，能在別人的舉動中察覺出什麼隱密的東西，比如別人試圖隱藏的缺點，或者性格當中的陰暗面。俗話說，禍從口出，言多必失。當一個人在屬鼠的人面前過多展現自己的「口才」時，不管是為了討好老鼠還是普通的交流，這個人和老鼠的交往前景都很可能是「黯淡無光」的。老鼠喜歡那些懂得「聽」他們說話的人，所以和鼠相處，你要先學會傾聽。真正的傾聽，是要用心、用眼睛、用耳朵去聽。並且不但要學會用耳朵傾聽，還要學會用心去傾聽。以下是和老鼠們相處時的傾聽技巧：

1、要有良好的精神狀態

良好的精神狀態是傾聽品質的重要前提，如果你「聽」得萎靡不振，是不會取得良好傾聽效果的，只能使溝通品質大打折扣。

2、及時用動作和表情給予呼應

談話時，應善於運用自己的姿態、表情、插入語和感歎詞。如微笑、點頭等，都會使談話更加的融洽。

3、必要的沉默

沉默就像樂譜上的休止符，運用得當，則含義無窮，可真正達到「無聲勝有聲」的效果。但沉默一定要運用得體，不可不分場合，故作高深而濫用沉默。

4、適時適度的提問

適時的提出問題是一種傾聽的方法。問老鼠喜歡回答的問題，鼓勵他們談論自己及他們所取得的成就。要使別人對你感興趣，那就先對別人感興趣。

5、不要隨便打斷別人講話，要有耐心

當老鼠們說話內容很多，或者由於情緒激動等原因語言表達有些零散甚至混亂時，你都應該耐心聽完他們的敘述。即使有些內容是你不想聽的，也要耐心聽完。總之，要討好老鼠，你要會傾聽。傾聽需要做到耳到、眼到、心到。當你透過巧妙的應答把他們引向你所需要的方向或層次時，你就可以輕鬆掌握談話的主動權了。善於傾聽，會讓你處處受到歡迎。

牛最不喜歡的6種人！

　　牛的本性就是腳踏實地、任勞任怨。所以大都做事踏實、處事低調、值得信賴、溫文儒雅、總是顯得有條不紊。他們勤勉低調，很有事業心和責任感。可以說哪裡有責任，哪裡就有他們。牛年出生的人也一直是低調處事的典範。「牛」為人毫不張揚，腳踏實地，穩重負責，誠實勤勉，工作中很受上司的讚賞和信賴。然而，你可知道牛也有他們十分看不慣的人，對於他們看不慣的人，他們往往不會把心情和看法坦白說出來而悶在心裡，但他們厭惡的表情和語調往往會出賣自己。

　　下面是牛最不喜歡的6種人，和他們相處的你可得當心，不要成為了他們討厭的那種人！

1、不負責任的人

　　牛年出生的人責任感強，勤勉踏實，所以即使工作中發生一些困難，他們那堅強的耐力也會突破難關而堅持到底。屬牛的人是工作的奴隸，他們是那種努力工作以獲得利益和成果的人。

　　對於那些無所事事、不負責任、半途而廢的人，他們是相當

看不慣的，如果這種不負責任的表現影響了自己的正常工作，他們的不滿甚至會上升為厭惡和痛恨，甚至會認為對方是個毫無價值的廢物。

2、高談闊論，只說不做的人

說到做到是牛牛一生恪守的原則。屬牛的人所享有的成功完全是靠自己的力量換來的。簡而言之，強大、守紀律的他們不願意在生活中放蕩不羈、失信於人，會用自己的努力以一個勝利者的姿態出現。所以對於那些只會高談闊論，盲目許諾，只說不做的人，他們是相當嗤之以鼻的。

3、欠債不還的人

他們不喜歡欠債，付給別人的欠款會精確算到小數點的最後一位，當然牛兒們對別人也有同樣的要求。如果他們欠別人什麼東西，又沒有明確表示感激並且給予回報將永遠不會原諒自己。

同樣的，如果欠債不還，借了他們的錢沒有如期如數歸還的人，雖然他們嘴上不說，但是心裡會很鬱悶，並且後悔與這樣的人交往。

4、嘮叨的人

一般來說，他們是不善於人際溝通的一群人，為人不太相信別人，有著固執己見的牛脾氣。喜歡我行我素，而且平時也沉默低調，不聽勸告。

有點工作狂的他們其實很不喜歡在耳邊嘮嘮叨叨的人，就算別人的嘮叨是為了他們好，牛兒們也很不領情，因為他們總是那麼倔強，如頑石般不知變通。

5、太「叛逆」的人

牛兒性格正直倔強，性格內向，是個尊重傳統的保守主義者。他們熱愛工作，總是那麼兢兢業業的盡職盡責。低調是他們一生的哲學，而且牛兒們也一直都恪守著這個哲學，處事為人都很低調。對於那些喜歡做各種「新潮叛逆」事情的人，牛兒們會很不屑，認為那些人沒有創造價值只知道賣弄出風頭。

所以跟牛兒們共處一室，還是儘量收斂一點，免得成為牛兒們的「眼中釘」。

6、不守規矩的人

牛兒們總是循規蹈矩，很會用紀律約束自己和別人，而且過於嚴厲。屬牛的人是安靜的、有很強道德觀和尊嚴的人。他們堅持認為每個人都應盡職盡責，同時也不要為別人的工作設置障礙。

他們為人不圓滑，不知道關心別人，常表現出軍人的風範。對於那些不守規矩、破壞正常秩序的人，牛兒們會很不喜歡。

只要給老虎建議，別給他意見！

　　老虎象徵著權力、熱情和大膽。受這種藏匿於身體裡的獸性趨勢，他們是一個勇敢大膽、引人注目並熱情激昂的人物。活力和對生活的樂觀具有感染力，吸引人的老虎會受到大家的敬畏。

　　屬虎的人是天生領導者，勇氣的代言人。他們熱情勇敢，富有激情和魄力，有著天生的領導才能。然而這群充滿王者氣質的老虎，不僅僅有著領導的才華，也有領導們的「架子」。所以，和他們相處，你要學會容忍他們的魯莽和大膽，傾聽少爭論，多給老虎提出中肯的建議，而不要隨便給他們提意見。

　　他們十分大膽、自信而有氣魄，總給人一種天不怕、地不怕的感覺。除了是樂天派外，還不重實利、不怕危險。他們會對不贊同的事情表示蔑視，對自己的想法常常是深信不疑，不輕易聽信別人，但是對於有價值的建議，還是會認真做比較參考。

　　老虎的獨特個性，使得他們有種反對傳統的張揚和勇敢，天生的自信讓他們不愛聽那些規定性的意見。所以，不要試圖用爭論和以理服人的辦法讓他們接受你的意見，因為好勝而且喜歡挑

戰的他們不會輕易讓你贏。

　　特別是當你遇到一個屬虎的領導者或者上司時，你更要注意在工作時表達個人意見的措辭和語氣。如果對一項工作，你認為有更好的辦法和策略，千萬不要故作聰明的「展示自我」，向屬虎的領導者提出意見，或者在大庭廣眾之下當面指出他們的錯誤，提出自己的正確意見，這樣都會讓他們心生不滿。

　　就算你的意見確確實實是有價值的，就算他們表面上也好像認可了你的意見，但是你在他心目中的位置卻已經跌入低谷。所以，有個老虎上司，就要多多表現出虛心好學的態度，只幫他們提建議，而且措辭要儘量誠懇謙遜。就算是非提不可的意見，也要用「勸諫」的手法巧妙的轉換為建議。然而，屬虎的人也不是那種難以相處的人，他們樂觀積極，是個十足的樂天派；做事說話大氣，顯得寬宏大量不拘小節。作為領導者的他們更是有遠見有想法，能給人一種振奮向上的力量。

　　不過，如果你認為和他們相處只要謹慎、小心翼翼就能被老虎們接受和歡迎，那你就錯了。屬虎的人雖然不喜歡那種反對自己的規定性意見，不喜歡自己的想法和做事方法全盤被推翻，但也不等於就會欣賞那些毫無想法、唯唯諾諾的人。

　　基本上來說，老虎還是欣賞那些有朝氣、有想法，敢於挑戰權威的人。只不過，要方法到位，言辭準確，才能博得老虎們的好感和欣賞。總而言之，不要一言不發，也不要言辭犀利的指出

老虎們的不對之處，關鍵是要注意方法。

如果你瞭解老虎們的心理就會慢慢發現，他們愛聽建議，不愛聽意見。就算建議和意見其實是同一種意思，但會因為你語氣和態度拿捏得宜，而使得老虎對你有截然不同的態度反應。

態度拿捏得好，用誠懇的建議表示自己的看法和對真切的關心，他們不但不會感到反感，反而會覺得你是個有思想、有智慧的聰明人，是個值得深交的好友；相反的，萬一態度方式拿捏得不好，全盤推翻老虎們的看法，那麼就算最後你的意見被採納了，也是因小失大的遭到老虎們厭惡。

慢慢接近屬兔的人，心急吃不了熱豆腐！

　　兔子是仁慈、文雅和愛美的象徵，溫柔的言辭和慈善膽怯的生活方式總是讓人印象深刻。喜歡和平、安靜和愜意的環境。很含蓄，愛藝術、淡泊名利，很懂得生活的樂趣。

　　屬兔的人不喜歡興風作浪，安寧和與世無爭的生活是他們所嚮往的。但是這一點常讓人對他們的本質發生錯覺，認為兔子是脆弱而且容易親信別人的，其實不然。兔子們內心其實是自信而且堅強的，總是有條不紊、準確追求著自己的目標。屬兔的人文靜的外表下其實藏著一顆敏感的心，他們不會憑藉感覺去相信別人，不愛生事的兔子其實很會「防禦」，只有經歷了「日久見人心」的朝夕相對後，才會逐漸卸下防範之心。

　　兔子溫柔含蓄，偏愛安定平凡的生活，不喜歡與人爭執，也不喜歡那種為名利財富明爭暗鬥的生活。他們對人對事都富有愛心和同情心，但是兔子是最不容易上當的屬相。他們擅長自我保護，這也跟兔子不喜歡待在風險較大的環境有關，他們天性對危險和不測有一種防禦戰術，想要欺騙他們的感情或者錢財比其他

屬相都更為困難。所以，跟屬兔的朋友交往，要記得保持適當的距離。

如果太過親密，會讓兔子很不自在，因為在他們心裡，你還沒親近到這種地步呢！但是，也不能距離太遙遠，因為含蓄的兔子可能會認為你不想跟他們做朋友而疏遠你。他們知道什麼時候應忍讓，從不喜歡在公共場所擁抱任何人。

不過，對於特別親密的朋友，卻是很放得開。只不過，那要看你在他們的眼中，關係到了哪個層面。他們很會劃分朋友的層次，會把別人的錯誤和進步看在眼裡，哪些是值得信賴的朋友，哪些是不「安全」的小人，他們都心裡清楚。

他們精於保全面子的藝術，也不喜歡無事生非，一般會選擇規避風險，保全自己的策略。真正誠懇善良的人，他們是能夠感受到的。

所以對待他們，你要學會用太極拳的思維，「以慢打快」、「以慢取勝」，逐漸滲透他們生活的點滴，關心他們的日常生活和情緒變化，讓兔子們感受到你的真誠和友善，把你列為「值得信賴」的清單中。如果喜歡上他們，切不可急功近利、自作聰明。因為一見鍾情或者閃電結婚這類的事情是不會發生在安靜的他們身上的。兔子們都比較小心，而且外表脆弱優雅的他們其實有著異常複雜的內心。

心思細膩，不會放棄一個又一個考驗你的時機，要走近他們

的內心世界，真正瞭解他們，需要執著的等待和耐心。急於跟他們親密，只會讓兔子對你「處處設防」，在他們的安全考驗期還沒截止的時候，你最好還是默默付出、慢慢靠近。不過你放心，你所做的努力是不會白費的，因為兔子不會不明是非，他們雪亮的眼睛其實看得清清楚楚，一旦兔子認為你通過了「考核」，就會卸下「防禦系統」，向你招手。

如果你身邊有屬兔的朋友，他們現在已經跟你打成一片，親密的開著玩笑，那麼恭喜你，你已經得到這隻兔子的認可，成為他們心目中值得信賴的友人。

如果你感覺你試圖走近屬兔的朋友，而他們卻總是好像有點疏遠你，那就要懂得循序漸進的道理。記住，對待屬兔的人，心急吃不了熱豆腐！

這些話，千萬別在龍面前說！

　　神話傳說中的龍，宏偉、巨大的形象總給人無限遐想。屬龍的人也是寬宏大量，時刻充滿生氣和力量。他們驕傲、積極、爭強好勝、要求極高，總是在無意之間釋放出令人艷羨的光芒。

　　屬龍的人是那種善於運用權力、清高直率，喜歡大刀闊斧做事的人。總是綻放著難掩的光芒，要讓他們深藏不露是很困難的。和龍在一起，你會很容易被他們那種狂放的熱情感染。但是如果有些話說得不好，他們可是會「龍顏大怒」的！

　　與他們共事時，屬龍的人總是會積極完成工作，並且喜歡左右別人的想法，提出更有創意的方案。或許有些人會看不慣龍的強烈表現慾，不假思索的說些讓他們不舒服的話。例如：「我認為你的想法毫無創意。」；「我自己會想，不用你操心。」；「先做好你自己分內的事情好嗎？」……與龍在一個團隊中合作，當直率的他們提出建議時，就算你不接受建議，這個時候也千萬別說出這些話。

　　龍果敢熱情，說話做事常常以自我為中心。所以當他們誇讚

自己的豐功偉績忘乎所以的時候，你寧可保持沉默或者轉移話題，也不要隨便說出這些有損他們自尊心的話。例如：「拜託，這些我都知道了，能不能說點新鮮的。」；「時代不同了，你也要學著跟上時代啊。」；「那些都過去了，沒什麼了不起的。」龍是屬於成功的屬相，特別是對於曾經事業有成，但現在正巧遭逢困境的龍，如果豪邁激昂的心情被你潑了冷水，他們會感到十分難堪。不要輕易打斷他們的話，因為龍的自尊心是很強的，如果龍在宣佈一件很重要的事情，你最好靜靜傾聽，適當回應，讓龍感受到你對他（她）們的在意和關注。

千萬不要在他們慷慨激昂著說些他們認為是很有價值的事情時，你從中插上一嘴，「等一下！」；「先聽我說。」「這個我也知道。」；「你說得不對，事情不是這樣的……」不要在龍正在說話的時候打斷他們，如果他們說得不對，你也要耐心聽完，如果你給了龍起碼的尊重，讓他們把自己的看法發表完畢後再說出你自己的建議，龍是不會懊惱的。

而且，在比較愉快的氛圍中聊天時，龍也不喜歡被打斷的感覺。如果屬龍的人旅遊歸來，正在跟大家分享自己在旅途中的所見所聞，最好「滿足」他們的表演慾，讓龍「自我」一回，千萬別打斷他：「根本不是這樣的，那個地方我去過……」；「我也去那裡旅遊過，我覺得沒有什麼特別好玩的東西。」這些話足以讓心生不滿的龍向你投來「憤怒」的目光。

「差不多就行了，幹嘛那麼認真。」「不要那麼倔強嘛，隨便做就行了。」……不難發現，龍是比較認真而且對事情要求很高的人。如果做一件事情，你不投入百分百努力就算了，但是千萬別對做事熱情、渴望成功的龍潑冷水。

如果遇到屬龍的領導者，對他們的嚴格要求，你只要盡力完成就好，千萬不要在一旁議論紛紛，抱怨個不停。龍很聰明，他們往往就是用這種方法來「考核」下屬是否是一塊值得提拔的「好材料」。還有一點你要記住，龍女是女權主義者，認為男人能做的女人也能做。「女人跟男人是不能比的。」；「妳一個女人怎麼能跟我們競爭。」；「女人還是不要那麼好勝的好。」……這種話都最好別在龍女們面前說。

蛇的占有慾，你得小心呵護！

　　屬蛇的人是十二屬相中最具有神祕感，最不可思議的人物。難以捉摸、喜歡探索新事物是他們的特質。文雅、斯文的他們很愛讀書，喜歡藝術，是天生的發現家。求知慾旺盛，常被生活中所有美好的東西吸引。

　　具有旺盛求知慾和探索慾的他們，總給人一種學識淵博的感覺。他們神祕、聰明，喜歡探索新知，是屬於「智慧錦囊」型的朋友。

　　在與其他人的交往中，蛇會表現出極強的占有慾，而且對別人的要求很高。對於他們的占有慾，你得小心呵護，否則就會陷入很麻煩的境地。屬蛇的人對朋友持有某種程度上的不信任，他們是典型的懷疑主義。疑心很重，占有慾就是從這種不信任的疑心中衍生而來。如果把別人當做最好的朋友，一般也渴望對方能夠把自己當做最特別的好友，甚至不能忍受自己的好朋友跟別人過於親近。

　　他們對待同性的好友也會發生亂「吃醋」的現象，當蛇們因

為「吃醋」而生氣時，你要學著諒解，那是因為他們很在乎你這個最好的朋友，害怕失去這段友情才會這樣的。對待同性摯友，都會有「吃醋」的獨占現象出現，更何況是對待自己的異性伴侶，屬蛇的人對其另一半的占有慾最強。雖然深愛對方，但骨子裡的「疑心病」又使得他們更唯恐對方會離開他（她）們。

一旦墜入了愛河，幾天的短暫別離都使他們難以忍受，蛇男蛇女寧可把戀人牢牢拴在身邊好好「看管」，也不願備受煎熬的想著，對方會不會離他們而去或者被別人搶走。這個時候，你千萬不要消極對抗，表現出不耐煩的樣子只會讓你們的關係緊張。記住，小心呵護他們的占有慾，讓他們的「醋意」在愉快的氛圍中消散。

屬蛇的女性是占有慾最強的物種。她們不僅對另一半總是神經兮兮的緊張，對同性好姐妹也是占有慾十足。缺乏安全感的蛇女郎們總是害怕她最愛的他不愛她，或者愛她不夠多，所以每天都要問一句「你到底愛不愛我？」直到得到滿意的答案才甜甜的笑，但是牢牢抓緊的獨占心卻絲毫不減。

她們總是顯得醋意十足，那是因為她們重視你、在乎你，如果你得到了蛇女的青睞，不要感到疲憊，不要不耐煩，要拿出你的耐心和溫柔，告訴她們你的真心。

屬蛇的男性對待同性的友情可能沒有屬蛇的女性那麼「計較」，蛇男在友情上顯得比較「開明」，但是一旦面對愛情，往

往就陷入神經過敏的「疑心病」中。很多人都覺得屬蛇的男性獨占霸道，甚至有點妄想症的趨勢。其實這只是他們太深愛妳的緣故，如果蛇男對一個女子沒有感情，往往就是那種很放心，很「信任」的狀態。

但是如果蛇男過敏到要妳報告自己的日常起居，短時間不見面就會有點暴風驟雨般的擔憂，打電話問妳在哪？在做什麼？和誰在一起？不要煩心，那就是蛇男已經深陷愛河而不自知。越是擔心，越是獨占，「疑心病」犯得就越厲害，也表示他們對妳越傾心。

所以，別看屬蛇的人好像總是一副無所不知的樣子，但是聰慧過人的他們往往是最沒安全感的。對待占有慾極強的他們，要拿出大人對待小孩的寬容和呵護般，小心保護和肯定這群犯著「疑心病」的蛇們，讓他們相信你們之間的友誼和愛情，這樣他們絕對會越來越愛你。

展現效率與果斷，
就能贏得馬的青睞！

生於馬年的人性格開朗、思維敏捷、裝扮入時、善於辭令、洞察力強。他們活潑開朗、性格外向、精力充沛、做事幹練能承擔責任。懂得享受生活中的快樂，愛好智力鍛鍊及體育活動。對人慷慨，是十足的樂天派。

屬馬的人精力充沛，待人和氣，活潑開朗，總給人一副快快樂樂的印象。馬兒說話速度快，動作輕巧，做事俐落，想要跟屬馬的人交往十分簡單，但是要跟馬兒深交，贏得他們的青睞，你就需要學會展示自己的效率和果斷。從說話的速度來看，你就知道活潑好動的他們是個急性子。馬兒不喜歡做事遲緩、拖延懶散的人。做事幹練，跟其他屬相的人比起來，更在乎完成任務的效率和速度。

屬馬的人可以忍受你的失敗，但是很難忍受同事或者朋友做事低效率。如果你想跟馬兒打成一片，成為相處愉快的工作夥伴，就要重視工作效率，在做事的策略上要儘量注重完成任務的

效益。如果你遇到屬馬的領導者，你更要注意工作效率，改掉拖拉散漫的壞習慣。馬上行動，今日事今日畢，才能讓屬馬的上司信任你，委予你重任。展現你的效率，除了工作上的不拖拉，還要注意生活上的不懶惰。

屬馬的人輕快的生活節奏中，從沒有推辭拖延的陋習。作為馬兒的朋友，如果你的生活習慣不是那麼符合他們的口味，就會讓你在馬兒心目中的良好印象大打折扣。和他們一起吃飯的時候，速度儘量放快一點，免得行事迅速的他們吃完了還在一邊看著你；甚至當你們一起逛街走在路上時，也要跟上馬兒輕快的步伐，把走路的速度稍稍提高。總之，展現你的效率，他們會覺得你很有能力，也會越來越看重你這個朋友。

對待生肖屬馬的人，記得要展現出你的效率和時間觀念。如果你和他們第一次見面，記住不要遲到，最好提前十分鐘到場，這會讓他們對你印象深刻。而談吐幽默也能贏得他們的好感，切忌一言不發，或是在聽了他們活潑生動的敘述後反應冷淡，那樣只會讓馬兒覺得你不尊重他們。

做事喜快不喜慢的他們在做決定的時候，也傾向於果敢善斷。他們往往容易崇拜那些處事果斷，有膽識有擔當的人。而且自己在做決定的時候，也討厭猶豫不決。如果是必須慎重考慮的大事，馬兒會左顧右盼，既想著趕快做出決定，又害怕因為缺乏考慮而壞了大事。而這個時候如果你能給他們中肯的意見，幫助

他們做出決定，表現出果敢明智的一面，那麼馬兒肯定是對你既欣賞又感激。因為急性子的馬兒，對處事果敢的人總是很支持和欽佩。

有屬馬的朋友在身邊，你就要學會克制自己各種與拖拉有關的壞習慣。千萬不要在馬兒催促你把工作趕緊完成的時候打盹，也別說出「時間還久，以後再說吧。」這種話跟情況多個幾次，屬馬的人就會形成一個印象，那就是，你是一個很不值得共事的人，因為你毫無時間概念。

對待屬馬的另一半，你不可總是優柔寡斷、猶豫不決，特別是在屬馬的女性面前。這樣久而久之，她會慢慢懷疑這個人是否值得託付終身或者煩躁鬱悶，你們的關係會逐漸出現裂縫。如果你能在屬馬的伴侶面前有擔當，做起決定不猶豫後悔，他們會更確定你們的關係，快樂也將環繞在你們周圍。

溫柔小羊最喜歡與強者為伴！

　　羊是最富溫情的屬相。出生於這一年的人，大多吃苦耐勞、樂善好施。往往為人正直、親切，容易被別人的不幸經歷所感染。脾氣溫順有點羞怯，有顆純潔、善良的心，所以容易受到別人的愛戴。

　　羊是溫情動物，屬羊的人也是溫柔而仁慈的人。溫和性情，使他們很需要更強大的人來保護自己。所以，溫柔的小羊喜歡與那些做事聰明果斷、有能力、有膽識的強者相伴。如果你還在羊兒面前表現得唯唯諾諾、謙遜讓人，就得改策略了。試著讓自己變得優秀和強勢，反而會受到小羊的歡迎和喜愛！

　　屬羊的人們要在嚴格的制度下工作才能發揮自己的才能。態度強硬的秘書和帶有強制性格的同事會使他們工作效率大大提高，就算有時對羊兒的要求近乎無理。不過，羊兒們依賴心重，性情溫柔的他們，需要與強者及強勢的人為伴。總而言之，這種溫和而又依賴性強的屬相，最喜歡與有保護慾的強勢之人相處或共事。

　　與屬羊的人共事的時候，儘量不要讓他們獨自承擔責任，表現出積極共同奮進的樣子來激勵他們的鬥志是很必要的。要鼓勵和幫助他們面對工作中的困難，像個大姐姐或大哥哥一樣為羊兒提供工作上的便利，跟他們分享各種有益的經驗，這會讓他們對你好感頓生。對待溫柔的小羊，要把「你自己看著辦！」儘量改成「加油！如果有什麼問題可以問我。」會好上百倍，小羊會因為你的沉著、智慧而信賴你，從此把你當做值得深交的好夥伴。

　　屬羊的女性做事緩慢，像個瓷娃娃。要追求屬羊的女子最重要的就是表現自己的強大和能力。小羊不會把對方的自信霸氣視為賣弄，反倒會心生崇拜和嚮往。內心柔軟而又富有想像力的屬羊女子，總是期待著有一位優秀能幹、聰明強壯的真命天子出現在生命中。和屬羊的女子約會，記住要穿出男人的氣質，盡情展示自己的強大和氣魄，談吐時要試著用自己的人格魅力打動屬羊女子，讓她覺得你就是那個可以保護她，帶給她一生幸福和安全感的男人。

　　屬羊的男性外表文雅，舉止莊重。然而能夠真正吸引他們目光的卻是那些活潑好動、幽默且能幹的成功女性。他們非常看重女性的才華，認為知性女子是最迷人的。而且在同性朋友的選擇中，也傾向於和那些能力較強、處事果斷的人交朋友。屬羊的男性是極體貼的人，他們容易愛上那些活潑開朗的女性，並且會用溫情和關懷來博得別人的青睞。總之，屬羊的人一生需要一個強

壯、忠誠、能力強的人為伴。思想奔放、激情充沛的他們，與秉性能產生平衡的屬蛇、龍、猴、雞的人都能相安共處，和諧一致。不過他們會討厭屬羊的人那種大手大腳、花錢如流水的作風以及缺乏自信的懦弱本性。

在性格穩健的肖牛者和好動不好靜的肖狗者那裡也得不到同情、理解和快樂，因為「牛」與「狗」都沒有聽「羊」絮絮叨叨使人憐憫之言的耐性。

嚴厲批評猴，效果適得其反！

靈巧的猴子總是給人一種不怕困難、堅定不移的印象。他們熱情自信、聰明機智、精明能幹、富有實踐精神；責任心強，十分懂得與人合作。不管是多麼害羞的他們，內心總有一股堅定不移的焰火。

屬猴的人是極其聰明機靈的，他們有著其他屬相所沒有的堅定性，一旦決定的事情，勢必會堅持到底。也有著強烈的自我優越感，總是從自己的利益出發，考慮自己的得失。自我感覺良好而且愛慕虛榮的猴子，最不懂得「忠言逆耳」的道理，嚴厲批評屬猴的人，效果肯定是適得其反。

猴子有時自信到了自戀的程度，他們愛慕虛榮，而且自私自利。總是從自身利益出發考慮問題的他們，受不了別人對自己的指責，哪怕指責和批評是確實為了他們好，他們也毫不領情，而且會心生怨恨。所以，嚴厲批評屬猴的人，是非常危險的事情，有時候甚至會引起尖銳的矛盾，導致關係破裂。工作過程中，如果與他們共事，就一定要懂得這個相處原則。如果屬猴的下屬做

事總是不能讓人滿意，你要學著用引導和親情感化的辦法來激勵他們，並在工作的各個細節給予幫助和關懷，委婉指出他們做不好的地方。這樣既給了他們面子，也能讓他們了解自己身上存在的問題。如果是怒吼批評，只會讓他們自尊心受挫，感到很沒面子的他們可能選擇消極抵抗，處處搗亂添麻煩，在不違背團體規則和紀律的前提下，影響著你這個做上司的領導效力。

屬猴的人往往自視過高，儘管他們確實聰明過人。虛榮心極強的猴子也很容易心生嫉妒，每當別人有進步或別人有的東西而他們沒有時，這種嫉妒心理便會無法遏止的表現出來。

屬猴的人競爭意識強，但卻善於隱藏自己的想法，更善於背後制定自己狡猾的行動計畫。與猴子相處交往時，要避免出言不遜惹得他們不高興，特別要避免批評指責，因為他們是會記仇的，特別是當你的話使得他們沒面子的時候。有可能你已經把批評這件事忘了，但是屬猴的人卻不會忘，他們不但不忘，還會覺得你自高自大。所以，和猴子相處儘量不要嚴厲批評指責。試著用柔軟的手法來指出他們的不足，並且明確表示你這樣說完全是為了他好。比如，一個屬猴的朋友染上賭博的壞習慣，你就別期望用批評挖苦的話語可以「激將」他，因為他們壓根不吃這一套。

也因為叛逆心很強，所以當他們的虛榮心和優越感受到侵犯的時候，他們反抗起來特別恐怖。這個時候，你可以動之以情、

曉之以理，從賭博的危害說起，讓他深刻看到自己因賭博產生的不良變化。如果說：「看到你這樣，我真的很擔心你。」絕對比指責批評強。猴子們會感到朋友的真誠，自利的思維立即浮現，讓他從自身利益考慮，認識到你的話確實是有益的。

在尋求生財之道、周到的謀劃、顯示自己的力量方面，當他們還在「奮鬥期」時，切不能冷言冷語，而應該支持鼓勵。因為，聰明的猴子是沒什麼做不了的。

制服屬雞的人，你需要以退為進！

　　雞年出生的人，大都十分善於幻想和策劃。他們是代表「富於幻想，行俠仗義」的唐吉柯德式人物。熱愛想像、極富創造力、善於策劃、洞察力強，有時能用幾天的時間就把一生都規劃好。

　　雞年出生的人好幻想，有抱負，是個十足的策劃師。有很多優點：精明能幹，組織能力強，嚴肅認真，遇事果斷等。然而他們是對事物過分挑剔、追求盡善盡美的人。他們對理論性較強的問題都很敏感，處理任何問題都「有章有法」。制服這些有強烈競爭意識的人，你需要「退一步海闊天空」的智慧。

　　屬雞的人對殘暴的行為敢於正面指出，嚴厲批判。當他們的「正義感」用在你身上時，兩個人不相上下的爭論會讓你「元氣大傷」。他們會採取不友好的方式和態度讓你投降，還會跟每個人訴說自己的觀點以爭取更多的「支持者」。

　　愛與人爭吵的他們總想顯示自己的學識淵博和有理有據，一旦發生爭執，不會顧忌對方感受。所以，如果和他們之間爭執的

小火苗一旦出現，最好還是採取「趨利避害」的方式，以退為進，以守為攻，方能制服屬雞的人。

不知疲倦、富有正義感的他們還是很有同情心的，他們會在自己力所能及的情況下盡力去幫助別人。只不過內心強烈的競爭意識總是支配著他們，所以一旦發起怒來，可能會置人於死地。

屬雞的人往往太想顯示自己，遇到問題，劍拔弩張的戰鬥裝備似乎早有準備，他們會千方百計的固執己見相信自己是正確的，只承認自己的優點，不承認任何缺點。他們的方式是向每個人訴說自己的理論，使人們相信自己，站到自己的一邊來。如果你有跟他們爭論的經歷，就會清楚的發現，屬雞的人不容易被征服。你越想跟他們「爭」出勝負，越會激發其內心的表演慾和競爭意識。

不過，如果你學著「讓步」和「妥協」，反倒會讓他們自覺過意不去而倒戈向你這邊來。當屬雞的人嚴厲的批評聲向你投來的時候，最好是保持淡定，認清自己爭論起來不是他們的對手這個事實。而且也應該認清，就算他們不幸戰敗也不會「善罷甘休」這個事實，識時務一點，說一些贊同他們觀點的話，「你說得沒錯，我的確做得不對。」「你真是我的良師益友，讓我了解到自己的不足。」「謝謝你的勸告，很高興有你這個敢說真心話的朋友。」……這些話絕對能起作用，錯愕的屬雞者從來都是準備「衝鋒陷陣」攻擊你，他們想好一千種你會反擊的可能，也想

好一千種可以制服你反擊的辦法，但是對你的「退一步」卻沒
轍，所以聽到這番話，你一定會驚訝，他們竟然會面紅耳赤的
說：「其實我也有不對的地方，我不該那麼厲聲說話的。」

　　屬雞的人愛虛張聲勢，他們不能真正認識自己，也還沒認識
炫耀、誇張給自己帶來的不利。然而他們通常都是沒有惡意的，
所以你不必因為對方的虛張聲勢而跟他們大動干戈，學會以退為
進，會讓他們意識到自己的不足之處，而逐漸喜歡和你交往。

永遠不要在屬狗的人面前裝腔作勢！

　　狗總是以機警靈敏、敦厚忠誠的性格受世人喜愛。狗年出生的人，為人直率真誠、好打不平。他們感覺靈敏、直覺極準，往往是未來的「先知」，對事物的洞察力極強，直覺常準的讓人驚歎。

　　狗兒是既苛刻又行狹的一種動物，出生於夜間人比出生在白天的人愛挑釁。容易與別人發生衝突，所以有「憤世嫉俗」的美名，性格也有固執的一面。

　　他們厭惡道德的墮落，不管在什麼形勢下都會與惡勢力抗爭。所以，永遠不要在他們面前裝腔作勢。

　　在屬狗的人面前故意做作的後果，便是引起他們憤世嫉俗般的不滿。因為他們直率、誠實，為人仗義，有堅持維護公眾利益的習慣，是防護工作的「衛兵」。要記得，即使他們的力量減弱了，眼睛昏花了，也仍然是忠誠的戰士。

　　如果你的裝腔作勢，引人注目，讓他們認為你是惡勢力代表，是自己要「討伐」的對象，那麼你就慘了。因為路見不平、

天性喜歡「斬妖除魔」的他們會全力以赴，而且不會因為別人的裝腔作勢而畏懼和害怕。

在屬狗的人面前吹牛、說大話是很不明智的，他們總是注重事實的態度，會忍不住糾正這種浮誇之人的缺點。其實他們並非是喜歡表現自己，而是出於內心的善意，他們認為有必要去判定一個人的對錯。如果認為自己是正確的，就決不會向你屈服。

想說大話、虛張聲勢的嚇唬人，在他們面前還是得掂量著點，因為他們不吃這一套，一旦認為你是讓人討厭的人，任何力量也難以影響他們的判斷。而且狗兒不會懼怕恫嚇，越是恐嚇和嚇唬，他們越是鬥志滿滿。

屬狗的人打從心底是很厭惡喜歡裝腔作勢、裝模作樣、拿腔拿調的人，他們一般為人坦誠、好打抱不平，憤怒時通常都是面對是非對錯的時候。不會因為嫉妒、情緒低落而與人發生爭執。只有當他們意識到對方是屬於「惡勢力」時，才會爆發他閃電式的批評和憤怒。所以，不要在他們面前「作惡」，也不要嘗試在他們面前假裝自己很厲害來嚇唬他們，他們是不畏懼惡勢力的，他們唯一怕的就是不能親手剷除「惡勢力」。

在與對手爭辯時，通常會用自己富嚴謹邏輯的語言來擊敗對方。但當他們的冷靜論辯和自我防衛受到破壞時，會採取憤怒而激烈的抨擊手段。假裝自己很有「背景」，採取威脅恐嚇的手段

來逼迫他們放棄衝突，只會破壞他們的冷靜的自衛體系，讓他們失去理智，嚴格保護自己不受侵犯的狗兒不會讓人好過，絕對會讓人下不了台。

不過，還好屬狗的人在與人爭吵時，方式總是公開的，從不以在暗處做手腳獲得勝利。狗兒坦誠，所以跟他們在一起，也要學會坦誠相待，不要故作高深、矯揉造作。

記住，屬狗的人喜歡和真誠直率的人做朋友，會嚴厲抨擊那些裝腔作勢愛嚇唬人的「惡勢力」！

別故作聰明，
其實你早已被屬豬的人看透！

　　屬豬的人在人群中屬於樸實無華之列，卻有著獨到見解。他們性情溫順，永遠不會做出「置人於死地」的事。崇尚物質追求、不吝嗇，喜歡跟別人分享自己的所有。他們十分熱衷於社會工作和慈善事業，對物質和現實世界的追求遠遠高於精神。

　　屬豬跟屬兔的人一樣，只求世間平安並且與人為善，對人對事較不敏感的他們似乎不是那種容易生氣的人。其實屬豬的人雖然表面上容易受騙，但實際上還是比人們想像得要聰明。別在他們面前故作聰明、自以為是，其實你早已經被他們摸清看透，只不過你自己還渾然不覺罷了。

　　他們的聰明在於懂得用容忍的態度保護自己的利益，就算已經把對方的詭計看得一清二楚也不會捅破，會忍而待發，直到最佳的時機才給予對方一記重擊。當有人騎到他們頭上時，屬豬的人還會自動遞上一條鞭子，當別人自鳴得意時，卻早已騎虎難下不得脫身了，這其實是他們的好策略。在善良背後，隱藏著堅定

的力量。

只要有機會，他們就能坐上統治者的寶座。如果要比用陰謀耍手段，其實你並不如屬豬的人，而且他們的陰謀常常是建立在你的陰謀之上，當你洋洋得意以為大功告成的時候，會常常被他們「將計就計」而制服，論忍耐的智慧，論設置「連環計」的雄才偉略，屬豬的人其實一點都不遜色。

如果你故作聰明、凡事都偷偷占便宜，別以為那些憨厚的他們都蒙在鼓裡，其實誰是君子誰是小人他們能分得很清楚，也看得很明白。當別人以為自己占了大便宜，為碰到的是「傻大個」而高興得意時，屬豬的人說不定會用更加絕妙的辦法還你「當頭一棒」。「為什麼會這樣？」當你愣在一旁不得脫身的時候，他們早已用微笑告訴你什麼叫「以其人之道，還治其人之身」。而且面對這種還擊，你還有苦說不出，誰叫你在他們面前愛耍小聰明呢？

屬豬的人很重感情，他們不像屬龍的人那樣善於迷惑他人，也不像屬猴、屬虎的人那樣好蠱惑別人，而是會真誠待人、樂於幫助自己的朋友。他們會持續的以忠誠、為人著想待人，保持與朋友的珍貴友情。人們可以充分信賴屬豬的朋友，因為他們不會對自己的朋友耍陰謀詭計。然而屬豬的人信任被利用時，他們會變的低沉抑鬱，消極悲觀，並且長時間不能恢復，而且被傷害的他們將很難再與這個人保持友好的關係。

　　如果有人對他們的友人不公，或當朋友受到致命打擊時，只要找到一位屬豬的朋友幫忙，他會耐心聽這位友人傾訴苦衷並拔刀相助。即使是朋友的錯誤造成的，他們也不會流露責備朋友的意思，仍會盡力幫助朋友，還會多找些人幫這個人，為其奔走解難。

　　在他們那裡，朋友不會遭白眼或聽官腔十足的訓誡。然而如果這一切都是別人一手策劃的，只是為了從他們手中獲得利益的手段，一旦計謀被屬豬的人發現，他們必定會將損失補回來，並且學得比過去更聰明、更勇敢。交上屬豬的朋友，不要用耍心機、耍手段的方式來拉近距離，你的故作聰明，他們早已看在眼裡。只要真誠相待、保持坦誠和純粹的友誼，他們一定不會忘記你這個朋友的。

PART

怎樣讓職位和薪水節節高升！
天生的方向，人定的高度！

生肖裡蘊含著性格的玄機，每個人內心都潛藏著天生的「獸性」，與人打交道，離不開投其所好，避其所不喜。天生的特性決定了與不同屬相人的相處之道自有其特別之處！

在職場裡，怎樣和你的上司打好交情，讓職位和薪水一升再升？怎樣和同事和諧共處，創造更好的發展機遇？翻開本章，讓你開啟生肖職場篇，解密與不同生肖的同事、上司的相處之道！

我的老鼠上司……

　　鼠年出生的人就像其本身的屬相一樣能夠隨機應變、冷靜機智，具有敏銳的直覺、遠見以及做生意的敏感。老鼠上司總是給人「無孔不入」的感覺，細節問題總是逃不過鼠上司的「法眼」。鼠上司超凡的洞察力或許讓你欽佩不已，然而他們對於細節問題的敏感，愛批評人的態度也會讓你戰戰兢兢。怎樣讓你博得老鼠上司的好感，獲得更多的成功機會呢？

　　屬鼠的人是積極和勤勞的，而且一般感情不外露。屬鼠的上司會被激怒的主要原因，是由於別人的懶惰和浪費引起的。如果你的上司剛好是屬鼠的人，就千萬不能在他們面前表現得懶惰散漫。

　　經常遲到會讓你的老鼠上司認為你是個不值得信賴的員工，因為對細節很看重的他們認為，能力和態度都很重要。

　　鼠上司會從你生活、工作的一些小細節裡來觀察你，進而看出你的潛力和人品。別看你的老鼠上司對部下親切熱情，沒事還會跟大家一塊聊天、噓寒問暖，好像跟所有的部下都關係不錯。

但是作風散漫，工作態度不端正，絕對是引起屬鼠上司不快的致命傷，感情內斂的他們其實心裡清楚得很，所以別在老鼠上司面前以為自己得了便宜他們也不知道！

屬鼠的人們生性愛好拉幫結派，喜歡參與一切的事，而且經常表現得很友好。屬鼠上司其實很容易相處，他們工作努力，生活節儉，也喜歡跟他們行事作風和生活態度相仿的人。面對你的老鼠上司，最好的辦法不是說好話討好他們，因為他們不需要崇拜者，他們只對那些能創造價值和財富的事物評價較高。老鼠上司很聰明，誰真正立了功，他們都看在眼裡。你的吹噓討好在表面上似乎有點用，不過實際上只是老鼠上司在「從群眾中來，到群眾中去」的親民政策而已。

如果你認為屬鼠上司喜歡那些油腔滑調，能夠跟他們談得來的員工，那你就是被他們的表象欺騙了。你的老鼠上司雖然會跟員工聊天，或者跟某個特別會說話的人表現的親密了點，然而事實上能夠引起老鼠上司重視的，能夠讓他們委託重任的「千里馬」還是那些踏實、積極工作的部下。

或許老鼠上司沒有跟那位「愛將」多說過幾句話，甚至還對他冷淡了點，但是晉陞機會卻會是給這位默默無聞但卻努力負責的部下。所以，碰上老鼠上司，最好還是高調做事，低調做人！

老鼠上司很會精打細算，所以跟他們提加薪方面的問題也要

有點策略和技巧。加薪的理由最好要以自己的業績進步為理由，而且還要做好周全策劃。

　　要想從他們身上得到金錢，得經過多次談判和討價還價後才能達成協定。一個屬鼠的老闆可能會對他的員工很關心，口頭上關心員工是否有足夠的運動，或飲食營養是否合適。當員工生病時會去探望他們，把他們的問題當做自己的問題來解決。但是，當談到給員工們提高他們早就應該增加的薪水時，這位鼠上司就會變得小氣起來。

如何與牛牛有效合作？

　　牛年出生的人責任感強、勤勉踏實，所以工作中很受上司的讚賞和信賴。但是在工作中，你要如何跟這些務實肯做、有著牛脾氣的屬牛搭檔有效率合作呢？

　　屬牛的人是工作的奴隸，他們是那種努力工作以獲得利益和成果的人，即使工作中發生一些困難，他們堅強的耐力也會突破難關而堅持到底。

　　和屬牛的人合作時，你最好也得體會他們內心那種對工作的熱愛，不要抱著無所謂的態度，更不能潑冷水輕視對方的認真態度。總之，你要學著重視這次和他們的合作，瞭解牛牛熱愛工作的心情，不要態度輕率、消極怠工。

　　牛牛最喜歡跟那種和他們一樣重視工作成果、踏實上進的人合作，如果你給他們的第一印象是這種類型的人，那麼你們接下來的合作過程將相當順利。

　　穩定、勤勉、富於創意、注意實際等都是牛牛的優點，但是一談到思維方面的特徵時，屬牛的人就如牛，人的聯想般顯得厚

重、緩慢又極端固執。他們最大的缺點是缺乏通融性，不接受朋友的忠告，最後往往變成固執己見、獨斷專行。跟他們合作的過程中，勢必會出現雙方意見不一致的情形，這個時候與其跟固執倔強的他們爭執，還不如選擇冷靜的態度，給他們一定的空間和時間好好考慮和權衡。

牛牛不會輕易改變自己的看法，所以就算你的看法和方案是最合適的，他們也不會完全放棄自己原先的想法。所以最好的辦法就是選擇中庸之道，用折中的方法來產生一個雙方都能接受的方案。

屬牛的人大都很嚴肅，是重視傳統觀念的人。屬牛的上司可能給人缺乏幽默感、做事嚴厲刻板的印象，然而他們確實也是公司或團體中不可多得的人才。

作為一個部門的主管，屬牛的人總是那樣傲慢和武斷，而且定下的規矩不允許人反對，認為他們的話就是法。當然，他們知道如何下命令及怎樣使人遵循，也希望別人能嚴格執行他們的指令。牛牛把家庭生活、工作和國家利益等都聯繫在一起，對生活和工作持實事求是的觀點。

在關鍵問題上，屬牛的人是堅持原則的。不要試圖挑戰他們的原則感和紀律感，和牛牛合作的過程中還要注意多溝通，溝通是消除誤會和不滿情緒的最好方式。

屬牛的人不滿情緒是慢慢產生的，屬於「積怨爆發」的類

型。遇到有什麼不舒服的事情，他們通常悶在心裡不肯把自己的心情坦白說出來，所以旁人也很難理解他們。而且依牛牛的個性，即使與人發生糾紛也不會將自己的不滿說出來。

跟牛牛合作的過程中，如果你發現他們悶悶不樂，就關心一下的說：「你怎麼了？」；「今天工作還順利嗎？」幾句真切問候和關心的話語，也許就能把他們憋在心底的不滿抹去，你們之間的合作也將更加順利和有效率！

如何讓屬虎的顧客爽快與你簽約？

　　虎在十二生肖中排行第三，虎年出生的人獨立和自尊心都極強，喜歡單獨行動，喜歡別人服從他們，是一般人的保護者。你是否還在為怎樣讓屬虎的顧客爽快的與你簽約而困擾呢？只要你掌握他們的特質，攻心為上，在迎合老虎的基礎上說服他們，相信結果一定在你的掌控之中！

　　記住，老虎們是個愛說話的樂天派，他們其實不在乎要買的東西是不是太貴，因為他們不是那種很斤斤計較的人。相反的，對屬虎的顧客來說，消費感受和服務品質相當重要。所以要想跟屬虎的顧客爽快的交易成功，一定不能忘了抓住老虎顧客的心，做個好聽眾才能讓他們感到滿意和充滿優越感。

　　很多屬虎的客戶放棄與人合作，不是因為產品或者服務本身的問題，而是大部分推銷員沒有張開自己的耳朵，因為老虎看重的不是所買的東西，而是買東西的過程中給他們帶來了什麼——例如威望、權力、舒適、安全、經濟、尊敬等。一個推銷員在推銷自己的產品和服務時，其實真正推銷的是他自己，這對屬虎的

人來說尤其重要，因為老虎顧客很看重推銷產品這個人的言行舉止，而對待產品本身其實並沒有那麼苛刻。

所以，當屬虎的客戶開口說話時，你必須專心聆聽而不是假裝敷衍，這樣既能讓客戶內心產生滿足感和愉悅感，又能讓自己找到客戶的興趣點。面對屬虎的客戶，不要喋喋不休也不要高談闊論，而是要拿出更多的精力和專業素養來傾聽他們的要求、渴望和需要，並搜集那些有助於成交的相關訊息。他們會喜歡一個大嗓門推銷員沒完沒了的交談，微笑和彬彬有禮的態度才能讓他們駐足。

在老虎的心中，朋友是很重要的，因為他們很看重感情。要讓你屬虎的客戶爽快跟你簽約，適度展現你的親和力跟他們成為好朋友，無疑是一個不錯的辦法。他們很多消費行為都是建立在友誼的基礎上，喜歡從自己所喜愛、所接受、所信賴的人那裡購買東西，這樣既讓他們覺得放心，也讓他們覺得鞏固自己和別人的友誼。

怎樣跟屬虎的客戶建立友誼關係呢？記住，親和力是最重要的。態度生硬、毫無表情的人，屬虎客戶是絕對不會想要和他們做朋友的。誠懇值得信賴，態度溫和且自信，言談輕鬆活潑又幽默的推銷員會很容易讓他們有親近的感覺。把他們逗笑了，或者讚美他們會讓陌生感消失，而彼此的心就在某一點上拉近了，這樣一來，還怕屬虎客戶不跟你簽約嗎？最重要的一點，屬虎客戶

是喜歡聽好話的，動聽的讚美話、恭維話，都不要吝惜在恰當時機說給他們聽。

但是要記住，讚美和恭維要發自內心，要真誠的從心底羨慕對方，這樣才能打動他們，激起其內心的優越感和滿足感。很多時候，遇到屬虎客戶的開場白就可以巧妙的從讚美客戶開始，順利展開話題，讓他們在愉悅的心情中投入到你的推銷中，自然而然，對方也會認真傾聽你的說明和推薦。

能調動屬兔職員，
你就是成功的上司！

　　肖兔的人往往特別溫和、文靜純樸、謙謙有禮、富有責任感。在正常的情況下，他們對工作兢兢業業，認真細緻、一絲不苟，但是卻缺乏進取精神，只對自己分內工作投入精力。如果一個領導者能調動生性淡泊的屬兔員工產生激情和進取心，那絕對是當之無愧的優秀領導家。

　　屬兔的人為人坦誠，不虛情假意，然而在職場中總是保持一定的警惕性。成功的領導者對待屬兔的下屬，一定要學會傾聽他們工作上的需要。善於傾聽不僅能及時發現屬兔員工的長處，並且能讓其積極性得以發揮作用。屬兔的員工能在一個善於傾聽自己聲音的領導者面前找到了自信心和自尊心，得到精神上的鼓舞，就會更加激發了自己對工作的熱情和負責的精神。

　　屬兔員工是謹小慎微的，就算是遇到困難也不會主動提出。此時，作為領導者的你要積極定期抽出時間來聆聽下屬對困難的看法，對於他們提出的意見和建議，要在一定的時間內給予答

覆。

　　屬兔的人是需要激勵的，激勵的方式可以多樣化，而物質激勵只是其中之一，但是能真正能深入員工心理的激勵，才是真情實意。「感人心者，莫過於情」，情感的激勵能充分展現領導者對屬兔下屬的重視、信任、關愛之情。當他們受到了領導者的關愛和信任，其潛在的能力和積極性便能得到激發。人情味是與屬兔員工溝通的一座橋梁，企業的領導富有人情味的談吐能有助於彼此找到共同點，消除隔膜，縮小距離。如果能在工作之餘和他們喝幾杯咖啡，給他們一些傾訴和與上級溝通的機會，使其增加工作的動力，那對調動和激發屬兔員工的積極性是很有幫助的。

　　上司要贏得屬兔下屬的心悅誠服，一定要「動之以情」。親切的言語加上鼓勵，尤其是言語上的鼓勵，對兔子是意義深遠的。在電梯口或者門口遇見時，除了對他們點頭微笑之餘，如果能叫出屬兔下屬的名字，更會令他們受寵若驚。而屬兔員工的信心大增，則工作效率必定上升，他們會感到：「我是很重要的，上司是記得我的，我得好好幹！」對待屬兔下屬，還要關心他們的生活，聆聽他們的憂慮。

　　在家庭中，屬兔的人對子女慈學溫和，是個很感性的動物。積極的感情能激發出他們發出驚人的力量去克服困難、積極進取的創造新業績。要調動屬兔員工的積極性，作為「頭頭」要學著與他們交心，體會他們的心聲，這樣可以達到收服屬兔員工之心

的效果。有的上司認為和下屬深交是懦弱的表現，然而不要忘了，一個企業能夠多一個忠心的下屬，就等同多了一道堅固的「後盾」。

屬兔的人是忠誠的，一旦他們熱愛自己工作崗位，必定成為對於公司前途有著關鍵重要作用的人物。看到屬兔員工出差錯就著急發火，接著把他們狠狠訓一頓，絕對不能達到「激將」的作用。要用充滿人情味的態度來讓屬兔員工信服你，忠誠於你，這樣才能讓他們努力工作，在你的「麾下」積極進取！

怎樣博得龍老大的賞識？

　　屬龍的人熱情洋溢，剛毅果斷，龍年出生的領導更是具有很強的人格魅力。職場中，你的領導若是屬龍，你要怎樣做才能博得這位「龍老大」的信任與賞識呢？

　　屬龍的人都具有夢想家的傾向，當他們為自己的夢想奮鬥時，是十分熱烈激昂的。胸懷壯志的龍老大欣賞的下屬，必定也是優秀的能人。所以，想辦法做龍老大心目中的能人，是非常重要的。

　　無論何時何地都要盡自己所能把事情做好，幫助上司解決疑難。當屬龍上司對你交代任務時，先要弄清楚上司的意圖，衡量做法。如果實在不懂就虛心請教，不要打腫臉充胖子，最後誤事引起龍老大對你產生不良印象。總之，與龍老大建立良好的信任關係，對你的工作百利而無一害。記住，龍不喜歡「麻煩人」，不要總將「燙手山芋」丟給老闆，不要以為屬龍的上司是神，什麼事情都可以幫你解決。事實上，當你對問題束手無策並且沒有一個解決方案的建議提出時，屬龍的上司就從心裡對你不滿意

了。你並不是不能上報問題，只是當面問問題時，你應該想辦法帶著若干解決方案來向龍老大尋求意見，而不是撒手不管的把問題全盤塞給老闆。

龍是有些清高和傲慢的，他們很重視權力，甚至有些權迷心竅。在屬龍的上司面前，一定要正視他們的權威。如果下屬客氣的對龍老大說：「關於這個問題，我非常想聽聽你的建議。」毫無疑問就能滿足龍老大的優越感，因為從心理層面來說，這就反映了他們的強大，顯得他們是有經驗，有頭腦的，光這一點就能讓他們愉快。在比較大的事情上，一定要正視屬龍老闆的權威，如果你不希望在重要會議上被老闆否定，一定要事先徵求他們的意見。

如果你平時言行都尊重屬龍老闆的權威，激起了他們的優越感，他們對你一滿意，必然會聽取你的意見，這樣你就有了堅強的後盾，對於你實施項目管理都是有好處的。看到屬龍老闆的長處，適時讚美你的龍老大，必定能收到意想不到的效果。很少有領導不喜歡被下屬恭維，龍本身尤其喜歡被讚美和肯定。

不過讚美要恰到好處，投其所好，並不是千篇一律的好話都能贏得屬龍領導的好感，有時候要在讚美上尋求「創新」。因為他們如果聽慣千篇一律的讚揚話時，就會懷疑對方的真誠，也會因為聽多了而漸漸的沒什麼愉悅感產生。當屬龍的領導人處境不利時，缺乏肯定和接納的他們在這個時候最需要的就是別人的肯

定性評價和支持。這時下屬的鼓勵性稱讚就如「雪中送炭」般珍貴，龍老大也會因此把這位下屬記在心上。

與屬龍的上司保持良好的溝通也是相當重要的。工作的時候，給他們簡潔、有力的報告，切莫讓淺顯和瑣碎的問題煩擾和浪費他們的時間，但是重要的事情必須請示屬龍上司，因為這是權威問題。

總之，與屬龍上司相處要謹記在適當時機，說合適的話，做合適的事情，懂得察言觀色，該說的時候說，該言簡意賅的時候絕不要拖拖拉拉浪費時間。

用什麼方法打動屬蛇的老闆？

　　屬蛇的老闆有著斯文的外表、熟練的處世態度，他們風度翩翩、善於辭令，很會鑽營，冷靜沉著，一般都具有特殊才能，有貫徹始終的鬥志與精神。要打動屬蛇老闆，你必須得下一番工夫。蛇年出生的人，天生感受性及知性都很強，他們很看重文化水準。也就是說，能力在他們眼中是最重要的。

　　要打動蛇老闆，作為下屬的你一定要做個最優秀的自己，凡事多想一步，多做一步。有許多人在剛開始工作時，為了怕做錯事情或者怕做不好事情而表現得畏首畏尾，不敢承擔事情及敢隨便發表意見，遇到自己非要做的事情時，顯得猶豫不決或過度依賴他人意見，這樣一輩子注定要被打入冷宮的。因為蛇老闆十分器重那些做事堅決果斷、敢擔責任的下屬。

　　前面就提過，屬蛇的人很喜歡鑽研，當然他們就很看重知識和業務水平。蛇老闆十分希望自己的職員能非常熟悉和瞭解業務知識，他們可能有點偏愛學歷高的職員，如果你的學歷不高，就要在工作之餘多多鑽研業務知識，顯得好學而聰明，才能確保工

作時得心應手。

平時要注意多學習多做事，少勾心鬥角，這樣才能完成上司交給你的工作，累積自己的實戰經驗。如果讓蛇老闆感覺到你總是能完成更多、更重的任務，總是能很快掌握新技能的話，相信你在他們的心目中一定會有一席之地。不要在蛇老闆面前玩拖延戰，一旦老闆分配任務給你，如果能做到接到工作就立刻動手，並能迅速、準確及時完成的話，你的老闆一定是開心的，因為反應敏捷給人的印象是金錢買不到的。

另外在做事情的過程中，不能消極等待存在著太多的希望和幻想，慢吞吞的工作習慣最讓蛇老闆看不慣，千萬別期盼所有的事情都會照自己計劃而行。相反的，你得時時為可能產生的錯誤做準備，因為你的拖延習慣是逃不過他靈動雙眼的。有一位屬蛇上司，你就得習慣他的敏銳「監視」，工作的時候儘量不要閒聊。蛇年出生的老闆認為工作需要高度集中的注意力，因為他們自己也有認真專注的習慣。所以你還是嘗試多花點時間與同事合作，把私人事務暫時擱置吧，尤其要忌諱工作中的閒聊，它不但會影響你個人的工作進度，也會影響其他同事的工作情緒而招來蛇上司的責備。

你要學著建立起一個專業人員的形象，這樣不僅讓蛇老闆對你滿意放心，你的整個職業生涯的發展也將受益匪淺。人人都愛聽好聽的話，愛聽讚美自己的話，屬蛇的老闆也不例外。他們天

性是愛慕虛榮的，當然這也是他們的弱點。不過作為下屬的你，要毫不吝惜的稱讚你的蛇老闆——不論他在不在場。

每當你取得好成績的時候，別忘了說一句：「感謝老闆的支持和幫助。」如果能具體表現一下當然是更好。記住，蛇老闆是絕對喜歡聽好話的，就算企業為了加強管理要求給老闆提意見，也要用尊重和巧妙的口吻滿足蛇老闆的虛榮心和優越感，切忌說話橫衝直撞，惹怒了他們，後果可想而知。

如何與屬馬的同事友好共處？

生肖屬馬的人，永遠想搶先一步，具有不肯服輸的性格，因此凡事要能激勵自己積極奮鬥。與屬馬的同事友好相處，你需要掌握讓他們為你心動的策略。

與屬馬的同事坐在一起時，你們可以談天說地、歡聲笑語，然而就在這看似親密、融洽的關係中藏著密佈的陰霾。尤其是與你站在同一條起跑線上的屬馬同事。頗具競爭意識的他們，當個人利益受到侵害的時候，就會變成笑裡藏刀的對手。

「同行是冤家，同事是對手。」屬馬的人認為這是同事關係的真經，不服輸的他們本著這樣的態度進入職場，從心底警惕的他們其實很渴望與他人融洽相處，因為這種人性格樂觀、健談、好交朋友。對待屬馬的同事，你要真誠。他們說話的時候你要專心聽，不時給予回應。而且一定要受得住他們直率的言談，如果他們心直口快讓你不舒服，也別記在心上。

屬馬的人容易賺大錢，也喜歡生活奢華，愛擺架子耍派頭。屬馬同事跟你談天時，會炫耀自己的過去，總想引起大家的注

意。這個時候，你不要為了攀比和他們計較。因為說者無心，聽者有意，他們會認為你是在吹噓自己。「從前從前如何」這類故事，你聽屬馬的同事隨口說說就好，自己不要也跟著誇誇其談。記住，謹言慎行，泛泛瞭解同事的簡歷，適當的時候求教，多瞭解工作程序便能增進你與屬馬同事的關係了，這也能為你贏得一個謙遜沉穩的印象。

馬兒的弱點便是不能持久，也較難保守祕密，耐心欠佳、心直口快的他們很容易發牢騷。你想要與他們友好相處，就得學著與人為善，不要充當告密者。屬馬同事發牢騷並不是真的本性如此，而是因為耐心不足養成的壞習慣，所以牽扯到某人的是非時，你最好是保持沉默，不要介入，耳不聽為淨，要記住「禍從口出」的道理。

經過一段時間交往後，對待屬馬同事的請求，你要爽快大方一點，不要什麼事情都拒絕。多多幫忙，互相幫助，就不會顯得孤僻和小家子氣，屬馬的人喜歡大方、爽快的性格。很多時候，屬馬同事會故意拿人開半真半假的玩笑，這只是想試探別人的為人是小氣還是大方的，其實他們並不是真的要讓你請客。

馬兒最不喜歡把功績獨攬一身的同事，如果和馬兒共事，就要權衡大局，不要為達到個人目的攫取他人的成績。急功近利，唯利是圖的人最讓他們不齒。只顧眼前利益將失去今後長遠的發展機會，成為眾矢之的。工作業績是衡量一個人工作能力的尺

度，無論如何也不能完全把功勞都包攬給自己，否認同事的艱辛無疑會遭到不滿。尤其是不服輸的他們，絕對無法容忍這種不公平待遇發生。

人與人之間交流感情、溝通感情最直接最方便的途徑就是語言。動聽的話及出色的語言表達，能使你和屬馬的同事更熟識，更容易結成友誼。和他們談話時，要記住一句話：「人人都非同尋常！」即使再煩、再累、再情緒不佳，也要把對方當做一個重要人物來看待。凡事有機會就要跟屬馬同事講幾句好聽的話，哪怕只是一句簡短的評價，比如「你今天看起來特別有精神」，或者「這個髮型很適合你！」

如果你有一個屬羊的老闆/同事！

　　屬羊的人態度溫和、說話委婉、富有同情心。如果你的頂頭上司是屬羊的人，你要如何應對，才能贏得晉陞和薪資的增加？如果你的同事是一個羊年出生的人，你要怎麼做，才能贏得他們的好感呢？抓住屬羊老闆的心其實並不難，最重要的一點就是，羊上司的話你一定要聽。泰勒說：「專心致志的聽，就是一種最安全而且最靈驗的奉承形式。」對於屬羊的領導者，如果一個下屬能做出洗耳恭聽的樣子，他們就具有了獲得屬羊領導好感的才能。即使屬羊領導談的是一些老調，也要傾耳凝聽，時而給予表示共鳴或者贊同的應和，這種下屬是最被屬羊領導者賞識的。

　　當然，羊上司交代任務的時候更要認真聽，絕對不能擺出一副「我知道」，「別囉嗦」的不耐煩。屬羊的上司若是發表演講，他一說完坐下來你就鼓掌，他們會把你的敬意當做是一種優越感。如果你把屬羊領導講演中的某些動人之事又著重提出，表示自己受益匪淺，屬羊領導不會很快淡忘這件事，他們會將你的讚揚銘記在心。因為他們重大時刻的記憶力都是很好的，特別是

當眾講話這種盛大情景，他們是很在意自己表現的。當然，你也不一定要等到他們發言的時候才用這種技巧，平時找到合適的時機，就可以把他們曾提到過的經典話語重複幾遍，這樣更容易博得屬羊上司的喜歡，促進你們之間的關係。與你的屬羊同事相處時，你要懂得誠心誠意欣賞對方的長處。當對方有意無意的表示自己有多能幹時不要嫉妒他，仍要真心抱著學習的態度向他們請教。

羊兒遇事拐彎抹角的態度會使其他人感到討厭和惱火，不過沒有辦法，這就是他們的脾氣。不要試圖逼屬羊同事說出他們內心真實的想法，因為他們就是這麼委婉的人。和屬羊的同事說話時，要替他們留點餘地，凡事不能說得太死、太絕對。

同時，聽他們說話時，要頻頻點頭表示贊同，這樣可以保持較好的人際關係。屬羊的人總將自己束縛在自我的小圈子裡，他們離不開自己的家庭，也不能缺少喜愛的食物。他們不會忘記自己的生日及其他節日，每到這些特殊的日子，他們總想以炫耀的方式來慶祝，特別是對他們自己的節日更是倍加敏感。如果你能在屬羊同事的生日時為他們準備個小禮物或者打一通電話、發一則簡訊祝賀他生日快樂，都會讓屬羊同事倍感溫馨令他們一生難以忘懷。

羊兒們的時間觀念不太強，所以你跟他們接觸時要不斷重新安排時間。遇到屬羊同事經常遲到的現象，要發自內心的為他們

表示擔憂，說出自己的看法，力圖讓他改正這種壞習慣。或者問他們是否在生活上出現什麼不便，是否需要幫助等，這些都能激起屬羊同事的溫馨感，讓他們打從心裡覺得你是個不錯的人。羊兒不願做的事，總是以極大的耐心和忍耐力推辭。所以如果你的請求當下沒能得到屬羊同事的答應，得到的是委婉的拒絕，別以為還有一線機會能要他們答應，你大可一笑而過。因為羊兒如果自己願意，不用你說他也會幫你做到，而不願意的事情，羊兒們是絕不會答應的。

征服屬猴老闆的5個訣竅！

　　「申猴」屬相的人有強烈的進取心，精明能幹，專注事業，很懂得抓住創造財富的機會。提供你五個訣竅，讓你不再為如何征服屬猴的大老闆而憂愁！

☆升職加薪祕訣一：

　　瞭解你的屬猴老闆，積極適應上級的習慣！作為屬猴老闆的下屬，要準確知道上級的長處和短處，瞭解他們的工作習慣，而且要積極適應他們的習慣。猴老闆是很聰明的人，如果你在他們面前故意表現自己，就會有做作之嫌。屬猴上司會認為你恃才傲慢，盛氣凌人，而在心理上覺得你這個下屬是個沉不住氣的人。

　　不要在屬猴上司面前鋒芒畢露、咄咄逼人，交談的時候尤為注意，讓他們自己去權衡選擇，做出最好的決定。當做下屬的你發現猴上司的決策、意見有錯誤的時候，要婉轉提出自己的建議和看法，而不是直接點破他的錯誤。

☆升職加薪祕訣二：

爭取經驗，提升自己的價值！不斷充實與自己職務相關的專業知識能力，代表著你對自己工作的認同感，可以提升自己在此領域的不可替代性。若還能擁有其他的技能或第二專長，就更容易受到屬猴上司們的賞識。不要只滿足於做好自己的分內事，而應當在其他方面爭取經驗，提升自己的價值。即使是困難重重的任務，也要勇於嘗試。屬猴的領導者器重那些敢闖敢做的下屬，但是要注意分寸，因為在任何方面都努力進取，容易招人嫉妒。

☆升職加薪祕訣三：

做個能幹的下屬！若能幫助你的屬猴上司發揮其專業水準，必然對你有好處。你的時間管理能力從做事的效率中，可以看出你在項目執行上的成熟度，別人處理一件事的時間裡，你若能又快又好的同時完成兩件以上的事情，不但可以顯現出你在時間管理上的能力，對於項目執行的能力也能同時勝出。屬猴上司經常討厭做每月一次的報告，你不妨代勞。總之，要讓猴年出生的上司覺得你是好幫手，才能有更多的升職加薪的機會！

☆升職加薪祕訣四：

注意團隊合作的責任感！屬猴上司很看重懂得合作的下屬。如果你是個屬於單打獨鬥個性的人，想要挑戰升職的可能時，要記得盡可能從協助週遭有需要的同事開始，這代表著你可以承擔

更多的責任與壓力,以及有協助團隊渡過困難的能力。讓團隊成員為你的協助成為口耳相傳的部隊,一旦博得猴老闆信任,加薪就更靠近你一步了。

☆**升職加薪祕訣五:**

讓老闆看到你的改變!對待屬猴老闆的批評,真正從中學到東西及改進工作方法。最令屬猴上司惱火的,就是他們的話成了下屬的「耳邊風」。如果你對屬猴上司的批評置若罔聞,依然我行我素,很可能會激起他們的憤怒,認為你太瞧不起他們了。面對屬猴老闆的批評,要虛心接受,不發牢騷,以正面的樂觀態度迎接挑戰,減少抱怨必能贏得老闆的賞識。

怎樣讓屬雞的同事看你順眼？

　　屬雞的人擅長看穿別人的心思，並且反應敏銳，無論遇上什麼突發情況，都可以立即想出對策。在待人接物方面，他們屬於社交能手，和新認識的朋友也可以和睦相處。所以，他們能成為一個溫和、親切的人。但屬雞的人一旦面對利益問題就會變得狡猾，如何讓屬雞的同事看你順眼？你還得再修練！

　　雞年出生的人頭腦不錯也很靈巧，所以能得到上司的信任。看重屬雞的同事，多尊重他們的看法和言論，是與他們相處的第一要訣。屬雞的人喜歡從同事那裡獲得很多肯定性評價，熱情、信任、讚美、幽默感都是他們很喜歡聽的恭維話。屬雞的同事喜歡談論他們認識的那些人，喜歡修飾，認為悅人的外貌是生活中最重要的事情。當屬雞的同事幻想時、大說特說時，你要讓他們暢所欲言，因為他們渴望自己能被他人認為很重要。一旦能夠滿足他們這些小願望，他們也會反過來尊重你。善於傾聽屬雞者喋喋不休的傾訴，最容易獲得他們衷心愛戴。雞年出生的人，通常無論在學校還是在公司，都會將一切整理得有條不紊，而自己的

房間卻像垃圾堆一樣雜亂。如果想讓屬雞的同事看你順眼，就別讓你的工作間邋遢不堪，下班的時候把辦公桌收拾乾淨，別把文件堆積在小小的桌面上；如果是共有的辦公室，記得要倒垃圾積極一點。印象很重要，當他們看到這些小細節時，會覺得你是個很有修養和品德高尚的人，則更容易跟你和諧共處。

對待自己的成就要輕描淡寫，在屬雞的同事面前，謙虛一點總是比較聰明和受歡迎的做法。屬雞的人在誇張的言行中，會帶著一絲吹噓的意味。如果你也跟著吹噓自己的過去，顯示自己很有能耐，不僅會讓他們劍拔弩張的跟你攀比炫耀，也會掀起一場誇耀「大賽」。不過，屬雞的人是十足的幻想家，他們誇張起來連眼皮都不會眨一下。如果你在誇耀爭辯中敗下陣來，也不是什麼特別大的損失。不過讓他們從此看你不順眼，事事與你作對，那就真的得不償失了。

屬雞的人對權威沒有好感，他們樂於幫助他人，喜歡開玩笑。如果是同級同事，不要在屬雞同事面前顯得很厲害，自高自大的樣子最讓他們厭惡。不要輕易打斷他們的話，讓對方表達自己的思想，在對方講話結束時再提出自己的問題。「我已經早就知道了！」「這都做不好！」「不知道，你不會問我。」這一類的語句最好不要對他們說。過於招搖會引起他們的反感，你的一個不以為然的眼神或輕視的聲調，有時候比咄咄逼人的話語更能傷人。

　　與屬雞同事相處要記住，無論你多麼能幹，多麼自信，也要避免孤芳自賞，更不要讓自高、自大害自己成為「孤家寡人」。當他們總是跟你唱反調時，你就得當心了，現在改正自己那些自高、自大的臭脾氣還不晚！不要在背後議論他們的是非，管好自己的好奇心，對於屬雞同事的弱點或私事保持沉默，才是最聰明的做法。

　　學會體諒你的同事，不論職位高低，每個人都有自己的工作範圍和職責，所以在權力上不能喧賓奪主，但是也不能說出「這不關我的事情」這類有傷感情的話。過於涇渭分明，只會破壞你和屬雞同事之間的感情。

照顧好你屬狗的下屬，
你將獲得不小的業績！

　　屬狗的人是保守認真、正義感很強的人。由於具有忠誠的個性，所以如果一旦屬狗的員工在一個公司得到有效的利用，他們的正義和忠誠必定會為整個公司贏得不小的業績。

　　作為一個聰明的領導，要學會欣賞屬狗下屬的魅力和能力，有效運用他們的才能，才能好好發揮他們的作用。生性小心、謹慎的狗兒做事很低調，缺乏表達能力，很難將自己的心意傳達給對方。作為上司，應當瞭解屬狗下屬的專長，以及他們的期望是否與本身職位相符。唯有如此，他們才能認定目標努力工作，發揮自己最大的潛力。

　　胡亂指派屬狗下屬做一些根本不擅長的工作，只會讓他們心生不滿，被取代工作的人也有被冷落的感覺。從他們上班的第一天起，就要讓他們清楚自己的職責和權力範圍、明確工作目的，並且表達你對他的期望。

　　無論何時，交給了他們的工作，就放心讓他們處理，只要在

適當時候過問工作進展，以防止他們偏離目標就可以了。狗兒在疑惑上浪費很多的時間，有悲觀主義傾向，上司的主觀判斷很影響屬狗下屬的工作情緒。上司應當站在屬狗下屬的角度和立場上看待他們的工作進度。在與他們溝通時，「這樣做不對」的說話方式，如果改成「你認為這樣會不會比較好呢？」他們聽起來會更容易接受你的意見。

從細小處讚美你的屬狗下屬，如果他們立了比較大的功勞，更應該予以適當的精神和物質鼓勵，其中以精神鼓勵是見效最為明顯的。大事的影響和意義一般人都能看得見說得出，小事卻不是人們都會發現的。比如樂於助人、整理辦公室衛生、做事主動積極這些小細節，都是值得讚美的地方。

屬狗的人富有服務精神，秉性純良，缺乏信心的他們很需要上司的支持和鼓勵，有時候雖然只是幾句無心的讚美，反而能激起他們驚人的工作熱情。

領導者除了要在下屬身上下工夫外，也要注意提高自身素養和人格魅力，其中領導者本身的人格魅力，更能吸引屬狗下屬的忠誠感而為其效勞。一個領導者如果只會用那些手中的權力去命令他們做事，那是不明智甚至是愚蠢的。結果是讓你的下屬只會服從你的命令卻不會喜歡你、忠於你。

屬狗員工的工作如果是被動消極的，他們就會採取某種手段來敷衍了事。而如果你懂得關懷屬狗下屬，用你的人格魅力打動

他們，讓他們心甘情願的為你工作，這才是最聰明的做法。屬狗的人，絕不會做壞事，然而他們頗具批評性，對待尖銳的批評他們反應也很尖銳，他們太容易推論，能將事情切割得支離破碎而不是綜合全局來看。

領導者若是能用寬容感化下屬，對待屬狗下屬犯下的錯誤，找他們好好談談話，用談心的方式一步步讓其瞭解到自己的不足和錯誤，相信他們就能改進，而不是在領導的指責聲中低頭。

如果你的大客戶是屬豬的⋯⋯

　　生肖屬豬的人，一般而言頭腦比較冷靜，待人接物都比較熱情也很富有，最喜歡奢侈享受，處處顯露出他們的高品位。如果你的大客戶是屬豬的，記住學會投其所好，真誠的態度加上正確的技巧，才能贏得他們的青睞。長久以來，「投其所好」都是個貶義詞。而當「投其所好」的目的是光明磊落、合乎情理的，就屬於攻心為上的心理戰術了。心理學上顯示，情感引導行動。積極的情感，比如喜歡、愉悅、興奮往往能產生接納、合作的行為效果；而消極的情感，如討厭、憎惡、氣憤等則會引起排斥和拒絕。

　　如果你想要屬豬的客戶相信你的推薦是對的，並且按照你的意見去購買消費，那就首先要讓他們喜歡你，當他們對你產生好感，對你推薦的產品也就產生接納的情緒了。屬豬的人熱愛文化與藝術，但不善言辭，較為沉默寡言，所以如果你的大客戶是屬豬的人，首先就要發現對方的喜好。善於從理解的角度真誠讚美別人，這就需要一雙善於發現的眼睛，從他們的衣著、談吐、言

語著手，瞭解和推斷他們的愛好和興趣，尋找對方的興趣點，打通心理渠道，逾越人與人之間的障礙，取得談話和推銷成功的第一大捷。

在說服屬豬的人時，我們常遇到的情況就是，對方不是在聽你說，而是在做或者想其他的事情，或者嘴裡應付著你，眼睛卻注意著別的地方，甚至還轉移話題。遇到這種情況，你就應該投其所好，放棄原有的推銷和說服，順著他們的思路和話題，尋找他們的興趣點在哪裡，從「要害關鍵處」尋找最佳切入口。記住，微笑能建立信任，與他們交談時，要時刻保持友好的微笑，表明你對他們抱有積極的期望，這樣能消除他們的疑慮，使其不再遲疑的掏出錢包。

關鍵時刻要懂得「此時無聲勝有聲」的妙處，當你看到他們沉思的時候，那他其實已經有八、九成要購買的意思了。這個時候，你不能喋喋不休的說個不停。因為他們很精明，覺得真正好的、流行的東西會賣得很好，自然不會滯銷，而你說得越多，他們反而會心生疑慮，「難道這是賣不出去的嗎？」推銷是一門藝術，它能說服別人來買，也能創造一種微妙的氣氛讓消費者不由自主的想買。所以，你要懂得創造這種微妙的氣氛，讓你的客戶覺得這商品是很暢銷的，不需要推銷也能賣得相當好，而作為推銷員的你只是真誠的為客戶著想而已。

他們一般都有天真、溫和的性格，從來不會懷疑別人，然而

也最討厭被欺騙。如果你想跟屬豬的客戶建立長久牢靠的交往關係，做生意就要誠實誠信。雖然很容易上當，但是上了一次當，就別想他再上第二次當，而且人緣極好的他們很可能不只是自己一個人負氣離去，還會帶著一大幫朋友離開沒誠信的商家呢！

永續圖書
線上購物網

www.foreverbooks.com.tw

- ◆ 加入會員即享活動及會員折扣。
- ◆ 每月均有優惠活動，期期不同。
- ◆ 新加入會員三天內訂購書籍不限本數金額，
  即贈送精選書籍一本。（依網站標示為主）

專業圖書發行、書局經銷、圖書出版

永續圖書總代理：
五觀藝術出版社、培育文化、棋茵出版社、大拓文化、讀
品文化、雅典文化、大億文化、璞申文化、智學堂文化、
語言鳥文化

活動期內，永續圖書將保留變更或終止該活動之權利及最終決定權。